目覚めた魂《たましい》

あなた自身が「パワースポット」になる方法

滝沢泰平×鳴海周平

ワニ・プラス

カバー表・裏両面の「曼荼羅」について

イメージ（ビジョン）も、描くのも感覚的。
それがこの「曼荼羅」です。
図形や図柄、色など、その時、その場、その人にとって必要な情報が
ハートに届けられ、それをそのまま紙に転写します。
幾何学模様や、線や点、色などには、言葉では表現できない情報が入っています。
この「曼荼羅」が、外側の何かや誰かではなく、
未だ出逢っていない自分自身と向き合うきっかけになれば幸いです。

「キボウノタネ」（カバー表側）

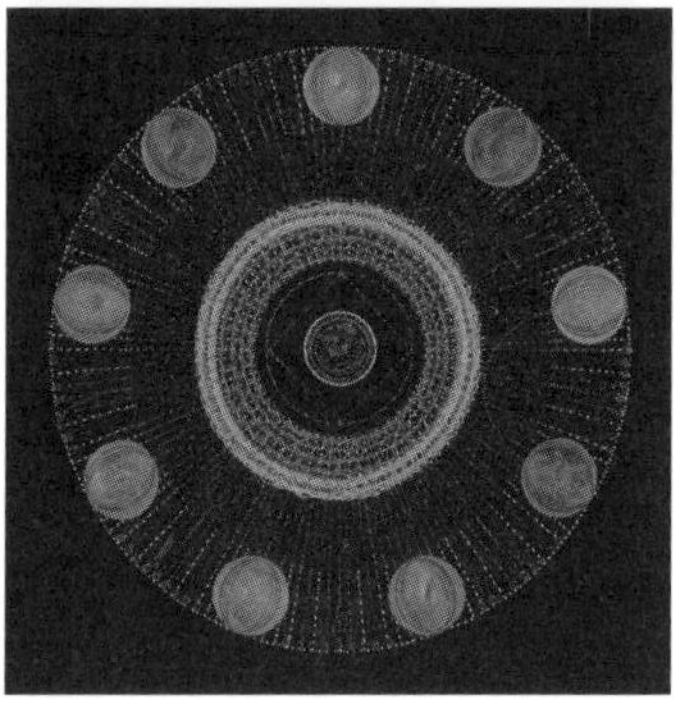

「感謝」（カバー裏側＆カラー扉）

地球へキボウノタネが蒔かれますことに感謝を込めて。

マナ（曼荼羅アーティスト）

一人一人の魂が目覚めた
新しい時代、
世界はどんなふうに変わるのでしょうか？

これまで世界は、
陰と陽、プラスとマイナス、善と悪など
すべてが2極に分かれていました。

新しい世界では、両極の隔たりがなくなり
すべてが、融合・統合・調和へと向かって
進んでいきます。

物理的、経済的な基準で
判断する時代から
愛を基準にして行動する時代へ。

頭で考えて行動する時代から
こころとからだと
魂の声を聞いて行動する時代へ。

目にみえる現実世界と
目にみえないスピリチュアル世界が
融合・統合・調和する世界。

一人一人の意識が
「ひな形」となって
すべてを創造していく世界。

パワースポットを外に求める時代は
もう終わりました。

「目覚めた魂」たちが創る新しい時代は、
あなたのいる場所、そして
あなた自身がパワースポットなのです。

プロローグ

鳴海周平

「目にみえない世界」という言葉を聞いて、あなたは何を想像するでしょうか。

「目にみえるものしか信じない！」という方も、身のまわりをよくみてください。私たちはたくさんの「目にみえないもの」に囲まれて生活していることがわかるはずです。

食べ物の味や香り、空氣、電氣、テレビや携帯電話の電波も目にはみえません。言葉や氣持ち、大切な想い出もそうですね。

むしろ、星の王子さまが言っていたように「本当に大切なものは、目にみえない」のかもしれません。

そう考えると、俗にいう「スピリチュアルな世界」とは、「目にみえる世界」と表裏一体の関係にある、とても身近で、大切な世界であるともいえます。

物心がついた時から、こうした「目にみえない世界」に敏感だった私は、身のまわりで起こる不可思議な現象の意味を知りたくて、12歳頃からいくつかの宗教を訪ね歩きました。

今思えば、かなり変わった子どもですね（笑）。

でも、当時の自分は「目にみえない世界」のことや「この世に生まれてきた意味」を必死に追い求めていたのです。


あれから30年！（どこかで聞いたフレーズですが……）

心身を癒すヒーリングや、エネルギーの源である「波動」という概念、記憶を遡って前世を垣間みる退行催眠といった体験を通じて得た氣づきから、今は「目にみえない世界」について、こんなふうに思っています。


「人間の本質は魂であり、こころとからだは地球服のようなもの」

「寿命とは、地球服を脱いで魂の故郷へ還るまでの地球旅行期間」


そう考えると、本質である魂にとっては、今まさに旅行先の地球で、観光（さまざまな体験）を満喫している状態ということになります。

しかも、どうやら地球をかなり氣に入っているらしく、芸能人が毎年ハワイで正月を迎えるぐらいの、相当なリピーターでもあるようです。

さて、そんな観点から考えてみると、現在地球に暮らしている私たちにとって大切なことは「次回また地球を訪れる時に、どんな観光地になっていることが理想なのか」ということになるのではないでしょうか。

「目にみえる世界」の半歩先を進んでいるといわれる「目にみえない世界」では、すでに次のような世界が訪れつつあります。

・陰と陽、プラスとマイナス、善と悪など、今まで2極に分かれていたものの隔たりが、どんどんなくなっていく世界。

・物事の判断基準が、物理的、経済的な理由ではなく、愛に変わっていく世界。

・頭で考えるのではなく、こころとからだと魂の声に耳を傾けて行動する世界。

・パワースポットを外に求めるのではなく、それが自分自身であることに氣づく世界。

・一人一人の意識が「ひな形※」となって、有形無形すべてを創造していく世界。

※ひな形　何かをかたどって、そのまま小さくしたもの。
本書では、「何かの出来事の元となるもの・あるいはその兆し」という意味も込めて用います。

新しい時代を示すこうした方向性。

実は、共著者の滝沢泰平さんもまったく同じ認識だったのです。

泰平さんとは、２０１３年10月に北海道で開催された「未来迎賓館」という講演会での出逢いをきっかけに、道東３湖（阿寒湖・屈斜路湖・摩周湖）や台湾の日月潭、スペイン、ポルトガルなどを旅し、２０１５年の夏至（６月22日）からは、毎月「祈りの旅」をご一緒いただいています。

月間１００万以上のアクセス数を誇るブログ「天下泰平」の執筆者であり、自給自足のコミュニティを運営する「半農半X《エックス》」の実践者。目にみえる世界のありとあらゆる情報に通じている博学家でもあります。

つまり本書は、滝沢泰平さんと私で、目にみえる世界と目にみえない世界の両方から、「新しい時代」をひも解き、一人一人に何ができるかということを一緒に考えていきましょう、という試みの書なのです。

「健幸エッセイスト」として、これまで「こころとからだの健康」に関する本を何冊か上梓してきましたが、私たちの本質である「魂」の存在について述べるのは、本書が初めてとなります。

「なるべく、アヤシイ目でみられるようなことは言わないでおこう……」

というこれまでの努力が水の泡になってしまいますが（笑）、「新しい時代」はこうした「目にみえない世界」が、本来「目にみえる世界」と表裏一体であることを改めて認識する時代でもあります。

「新しい時代は、どうやら素晴らしい世の中になりそうだ」

滝沢泰平さんとのコラボレーションから、ワクワクするような未来の予兆を感じ取っていただけましたら幸いです。

もくじ

第2章 すべてが「融合・統合・調和」する世界へ

第3章 「新しい世界」のためにできること

第1章

「新しい時代」は、もう始まっている

籠を飛び出す鳥

滝沢泰平

①半歩遅めにみえる世界の夜明け

「原因があるから結果がある」という因果応報の法則。

私たちが生きているこの世界は、五感と個を超えた**目にみえない「原因の世界」**と、五感と個を通して感じる**目にみえる「結果の世界」**の表裏一体の仕組みでできあがっており、**目にみえる世界の〝半歩先〟を行くといわれるのが目にみえない世界です。**

半歩先。これは世界の時間の〝時差〟みたいなものであり、日本では夜明けの時間がヨーロッパではまだ真夜中であるように、目にみえない世界では夜明けが始まっていても、目にみえる現実世界は、今はまだ夜明け前の暗い夜空であるのかもしれません。

「夜明け前が一番暗い」

そんな言葉があるように、もし目にみえる世界が夜明け前の直前であるならば、いつまでも争いが絶えないような現実社会の闇も今が一番深い時なのかもしれません。

目にみえない世界と目にみえる世界の時差。それは一体どれほどあるのでしょうか。

目にみえる世界の夜明けは、もう数分先まで迫っているかもしれませんし、まだまだ数時間も先のことかもしれません。


ただ、はっきりと断言できることはひとつ、毎日陽が昇るのと一緒で、いつかは必ず**「世（夜）は開（明）ける」**はずです。

それでは、この新しい時代の到来、目にみえる世界の夜明けとは一体どういったものなのでしょうか。

暗い闇夜の世界から移り変わった光の世界では、あたり一帯にお花畑が広がり、まるで楽園のような世界が姿をあらわすのでしょうか。

確かに夜明け後のどこかのタイミングではそういった世の中も訪れるかもしれませんが、現実はすぐにそんな甘い世界が始まるわけではないと思います。

かごめかごめ
籠の中の鳥は
いついつ出やる
夜明けの晩に
鶴と亀が滑った
後ろの正面だあれ

わらべ唄として知られる「かごめかごめ」は弘法大師の作ともいわれていて、実は今年（２０１６年）の夏至に始まる新しい時代を予言する歌であると伝えられています。

これから始まる夜明けは、長い間、身も心も囚われていた人類の大解放。

鎖も外れ、檻からも出て、動物園（籠）の外の世界へと飛び出した人類（鳥）が、野生のフィールドで無限に広がる広大な世界を自由に駆けめぐることになります。

②神が紙となり、やがて神は紙となる

人は生きているのでしょうか、生かされているのでしょうか？

人が生きるには何が必要でしょうか？

衣食住。その中でも食べることは最重要であり、家や服がなくても何日も、何カ月も生きていける人もいますが、食べ物がなくなったら人間はそう長くは生きられません。

「生きる＝食べる」といっても過言ではありませんが、それでは食べ物を得るために現代人はどういった行動をとるでしょうか。

古代の人々であれば、まず１００％近い人々が**「食べ物を作る（獲る）」**という行動をとると思いますが、現代人でそういった発想のもとに行動する人は少数派でしょう。多くの人々が**「食べ物を買う」**という行動をすると思います。

とはいえ「買う」という行動をするためには、基本的には対価となる**「お金」**というツールが必要であり、そういった意味では、現代人にとって**「食べ物を作る＝お金を作る」**ことが、生きるために必要な行動パターンとなります。

そして、お金を作るには「働くこと」が必要な世の中であり、現代人にとって「生きる」ということは、食べ物を買うためにお金を作るための〝労働〟をすることを意味しています。

お金によって命をつなげている。すなわち現代人は生きているようで、お金によって「生かされている」のであり、**資本主義経済の社会の中においては、このお金こそが本当の意味で人々を生かす「カミ（紙）」という存在であります。**

古代の人々は、食べ物を「生産する」ことで命をつなげていましたが、現代の人々は、お金を「消費する」ことで命をつなげているのです。

生産者であるはずの現代の農家もまた、お金を「消費する」ために食べ物を「生産する」のであり、大量の食べ物を生産して得たお金を持って、スーパーに食料の買い出しに行くのです。

ただ、これはお金が〝カミ〟であるという「信仰心」としての「信用」があるからこそ成り立っている仮想世界であり、もしも人々のお金への信仰心（信用）がなくなり、お金の価値が消滅して、ある日突然お金が使えない事態となったら、人々の生活はいったいどうなるでしょうか？

住む場所も、服も、すぐに消えてなくなりはしませんが、食べ物は冷蔵庫に入っているもの、または食料庫に備蓄しているものが尽きたら、どこかから手に入れなくてはなりません。

家から食べ物が消えたら、人々はどこから食べ物を手に入れるのでしょうか？

スーパーやコンビニに行っても食べ物はありませんし、それどころか**「日本中どこを探しても、食べ物を売っている場所が見つからない」**という事態が起きるのです。

なぜなら、自国の食料自給率が30%台である日本においては、海外からの食料輸入が途絶えた瞬間に、国民全員が食べ続けられるほどの食料供給をまかなえなくなるからです。

お金が使えなくなり、外国から食料を買えなくなると、日本中から食べ物が消える日がいつかどこかでやってくるのです。

文明の発達とともに、この世界は豊かで安全な社会に進化しているように思えますが、完璧なようで非常に脆いのが現代社会です。

まさに**「お金の切れ目が縁の切れ目」**であり、いくらお金持ちの国であっても、世界中の人々のお金に対する信仰心が消えた時点で諸外国からは一切相手をされなくなり、食べ物が自給できない国は、国家という枠組みさえもがいとも簡単に崩れ去るほど悲惨な末路を辿るでしょう。

どこを探しても、どれだけ待っていても食べ物が手に入らないとなったら、どんなに善良な人間であっても、ただ何もせずに餓死することを静かに待っているとは限りません。まして小さな子どもや家族を抱えている状況となれば、自分たちが生き残るために、時には手段を選ばない方法で食べ物を手に入れることも考えられます。

同じ民族同士による食料争奪戦。そんな末恐ろしい事態がやってくる前に、現代人はお金が〝カミ〟であるという信仰から抜け出し、生きることの本当の意味を再度考え直す必要があります。

③1万円札の原価は、たったの22円

物々交換の時代から「みんなが価値を認めるもの」として、貴重な交換手段のツールに選ばれたのが「金（ゴールド）」です。

そのゴールドの「交換券」として生み出されたのが「通貨」であり、硬貨はまだしも、誰もが日常「価値がある」と信じている〝紙幣〟も本来は「交換券」であり、つまりは「紙」であります。

1万円札を見て目を輝かせる人も多いと思いますが、これは1万円札に「1万円分の価値がある」と皆が集団催眠のように信じているからであり、本来1万円札の原価は約22円なので、**冷静に1万円札の本当の価値を考えてみると、これは人の絵や模様が描かれた単なる「22円の紙」でしかありません。**

原価22円の単なる紙が1万円となっているので、これを民間企業でやっていたら**原価率0・22%の「超ボッタクリ商売」**なわけですが、当然ながら通貨は中央銀行と呼ばれる機関が発行権を握っており、そして「金本位制」の時代にはその裏付けとなる金（ゴールド）がなければ通貨は発行できないものでありました。

ところが、金本位制も終わった今、中央銀行は何の裏付けもなく「国家の信用」だけを武器に紙幣を無尽蔵に刷り続けており、さらに驚くべきことに、これを公的な中央銀行ではなく民間企業でやっているのがアメリカという国です。

アメリカは世界の金融市場で、ボッタクリ商売を飛び越えた完全な詐欺商売をしているのです。

アメリカの中央銀行といえば「FRB（連邦準備制度理事会）」。

表向きはどこの国にもある中央銀行のような公的な機関の印象を与えてはいますが、実は今も昔も一般の民間企業であることはあまり公には知られていません。

このFRBのシステムは、ウッドロウ・ウィルソン政権下の1913年に成立した「連邦準備法」によってでき上がったもので、この連邦準備法は、通常のアメリカ政治ではありえない、日本でいえばお正月期間にあたる12月23日というクリスマスの時期を狙って、こっそりと準備されて可決されました。

これを主導したのは、ロックフェラー、モルガン、ウォーバーグ、ハリマン、ロスチャイルドの代理人ヤコブ・シフといった金融の世界を牛耳る財界トップたちです。

彼らは１９０７年にアメリカで発生した金融恐慌を見て、アメリカにも金融政策を統制する中央銀行が必要だと考え、それを自分たちで経営できる機関として実際に作ってしまったのです。

民間会社がドル紙幣を発行できる。

こんな異常事態が今まで黙認されていたのが奇跡的なことに思えますが、当然ながら奇跡でも何でもなく、すべてが仕組まれた計画であって、アメリカという国家自体がすでに意図的に作られて運用されている会社のような組織であり、社長が大統領だとしても、その後ろには株主となる世界的な財閥が何人もオーナーとして君臨しています。

逆らう経営陣や社長（大統領）がいれば消されるのみ。アメリカに歯向かう国家があれば〝世界の敵国〟として潰されてしまいます。

そして、**世界の基軸通貨となったドルは、ただ紙を刷るだけで世界中の資源をタダで奪っていくことができるようになったのです。**

お金（紙幣）自体は本当は価値がないのに、いつからか交換券だったお金そのものが「みんなが価値を認めるもの」という位置付けとなってしまいました。

ところが、価値があると思っていたお金は、何の裏付けもないもので、打出の小槌のように無尽蔵に増やせるインチキシステムであることがわかり、その紙幣の持つ幻の価値に世界中の人々が氣づいた時に、現在のお金ですべてができ上がっている社会は崩壊へと進みます。

集団催眠のような「信用」によって成り立っていた紙幣の価値も、この信用を失ったら最後、あっという間に1万円札も原価22円の紙切れに早変わりし、世界中に無尽蔵にばら撒かれたドルに至っては、紙切れどころか紙クズのような扱いとなってしまいます。

お金ですべてが買えていた時代の終焉……。

食べるもの、着るもの、住む場所のすべてをお金で買う時代においては、今を生きるにも明日を生きるにもお金が必要であり、そのお金が使えない、あるいはなくなった時には、今日も明日も、その後の未来も生きることができない、自分の命をつなげていけない状況へと多くの人々が追い込まれてしまいます。

そんな紙幣の危機を生み出すドルの本当の価値に氣づいた国々や人々が、ジョーカー（ドル）のなすりつけ合いをしており、いつ紙クズに切り替わってしまうかわからないドルをいち早く金（ゴールド）などの現物に切り替えています。

ただ、結局のところ、それらの現物も持っているだけでは食べられるものでもないので、金融危機が長期化すれば、最終的には人間にとって生きるために必要なものが**「みんなが価値を認めるもの」**になります。

お金よりも現物、現物よりも土地などの不動産、それも都会の土地やビルを持っていても価値はなく、生命活動の源となる食べ物や飲み物を生み出すことができる田舎の農地や水源地こそが、人類にとってもっとも価値が高い存在となります。

そして、これからの時代において最終的にもっとも価値のあるのは「仲間（絆）」となります。

なぜなら、お金がなくても現物がなくても、土地も農地も何も所有物がなくても、人間が生きるために必要なものや資源、土地を持っている人と「つながりを持っている」だけで、その助けを受ければ生きるに困らない環境を手に入れることができるからです。

もちろん、ただ依存するだけでなく、その代わりに自分のできることで人のために役立ち、持ちつ持たれつの助け合いの関係性を築くことがある程度は必要となりますが、全然お金がなくても、豊かで循環型の社会生活を営んでいる個人同士、グループやコミュニティともなれば、そこには物々交換や対価交換といった価値観もなく、それぞれが**GIVE&GIVEの精神**で与え合い、または一方的に与えたり、一方的に受け取るだけでも皆が幸せでいられる環境となります。

全世界の人が騙されていたお金のインチキシステムの崩壊。

世界的な金融危機によるお金の時代の終焉が差し迫っている今、食料を中心に国民が生きることを100%自国で保障できていない国家においては、お金で外から食料もエネルギーも「買えない事態」となった場合、それまでお金の世界に依存してぶら下がって生きていた、生かされていた人々は飢餓の状況へと追い込まれてしまいます。

「世界的な金融危機、そんなことが起こるはずがない」

大地震が起こる、富士山が噴火する、自然災害に関しては日々意識を持って「備蓄、備蓄……」などと対策を練っている人は大勢いますが、金融危機が起こった場合に関して、現実的にどう対処するべきかと動いている人は、まだ少ないかもしれません。

お金の崩壊は自然災害よりも実質的な被害が大きく、犠牲となる人数もケタ違いとなります。

局地的な自然災害であれば、被害は一時的なものですし、他の地域、他国からの支援などによって、生き残った人々の今後の人生はある程度補償されますが、**お金の世界の崩壊は世界同時大災害**のようなものであり、隣人も隣国も世界中、誰も助けてくれない状況となります。それも新しい金融システムができ上がるまで長期にわたる可能性が高いのです。

ただ、自然災害とは違って、実際は物理的に何も起こっていないのにもかかわらず……。

ここが冷静に考えたら不思議なことでもあり、お金の価値が消えたとしても、当然ながらお金そのものは消えるわけでもなく、もっといえば世界中から食料やエネルギー資源が消えるわけでもありません。

人間が勝手に作ったお金のルールやシステムが壊れる以外は、現実社会においては何も変わらずいつも通りの時間が流れており、これまでと同じように太陽が昇っては沈むという、宇宙と地球の営みがあるだけです。

もし地球上に100人しか人間がいなくて、その100人でお金の社会を作って運営していたのが、ある日を境に人々の意識や考え方が変わってお金の価値が消えることになったとしても、その100人が合意の上で「お金を使わなくても助け合って、今まで通りの生活をしよう」と決めれば、誰も困らずに「お金が介在しないだけ」で、昨日までと変わらない社会生活を継続できます。

100人だけの地球ならできることを、100億人でできるか？

そんな現実を未来に突きつけられそうですが、夜明け前の今はまだ、国境や人種などが存在し、何もかもがひとつになれない〝分離の世界〟だからきっと難しいと思います。

だからこそ今のうちから、100人でも、1000人でも、1万人でも合意のもとの助け合いの社会を各地に作っていくことが求められているのです。そして、**そこで大切となってくるのが、古代の人々の考え方や生き方であり、まずは「生きる＝食べ物を作る」という生産活動へとシフトすることから、すべてが始まると思います。**

そのためには、少しでも古代の人々の意識や価値観を身をもって体感することも必要であり、都会を離れて田舎で生活することもひとつの手段ではあります。

今は人々が「生きる＝働く（お金を得る）」という価値観を植えつけられ、その洗脳から目覚めないように現代社会も巧みに作られています。

田舎から都会に人を集めるように誘導し、都会でないと仕事がない、お金が稼げない、生きていけないかのような社会の枠組みにはめ込まれています。

そこは、テレビや新聞、雑誌、インターネットなどが不可欠な情報社会であり、目にみえる日常のあらゆる空間の中に広告が出されていて、**潜在意識の中に常に「消費せよ」という信号が送られてきます。**

都会という世界は、お金によって人工的に生み出された世界であり、立派なビルから道路に至るまでコンクリートジャングルと化し、お金と人間の欲望や想念によって人工的に作られた空間で覆い尽くされています。

この人工世界においては、土や木々、虫や鳥などの動物さえもが違和感のある存在であり、人間も含めたあらゆる生命が、自然の中で生かされていることさえも忘れさせるほどの異様な魔力があります。

そして、絶対なるカミ（紙）への忠誠心と信仰心を深くします。

都会にいると「自分は生かされている」と感じる存在はお金というカミ（紙）ですが、田舎や山に行くと、そのカミの影響力は少し弱まり、自然に囲まれた環境の中、本当の意味で人々は「生きる」ことを考えることができます。

その中で「自分は生かされている」と感じる存在が「神」であることを知っていたのが、古代の人々だと思います。

④信仰や神とは何か？

古代の人々にとって、生きるか死ぬかの生命線は、当然ながらお金の有無ではなく食べ物の有無でありました。

その中で食べ物を生産する活動こそが、生命活動の源であり、そして作物を育てるために必要な自然環境は、まさにどれもが自分たちを生かしてくれる大切な存在でありました。土があるから作物が育ち、その土を豊かな土壌にする微生物や動物たちも大切な存在ですが、作物は栄養素がなければ育たないので、古代の人々は、その栄養素を運んでくる大元の供給源をとても大切な存在として崇めていました。

それが、**太古の昔から「山には神様がいる」という信仰の原点となっている「山」という存在であります。**

地球上の大地の中でもっとも高い場所に位置する山から、動物の死骸や糞尿が微生物に分解されて、栄養素として水に溶け込んで流れていき、やがてもっとも低い海の底へと栄養素が溜まっていきます。

その栄養素が海底から始まる食物連鎖の流れによって、再び山に生息する動物たちにまで戻ってきます。

栄養素の循環においては、どの生き物も大切な存在ですが、特に山に生息する動物がいなければ循環の始まりもないので、古代の人々は「山には神様がいる」という考え方を持ち、山を整備し、人間が住む領域と山の神様でもある動物たちが生息する領域を棲み分けし、お互いが共存できるように自然環境を守っていました。

こうして生まれた上から下、下から上にまで巡る栄養素の循環が生命の循環であり、その間で人間もまた生命を育てて自分たちの命をつないでいたのですが、この循環を生み出すのに必要不可欠で無視することのできない存在が**「水」**となります。

栄養素や情報の運び屋である水。山は、この水を溜める巨大な貯水タンクでもあり、また湧き水に転換する浄水器としての役割も持っています。

山の中に雨水が溜まって地下水となり、その地下水の湧き水が沢となり川となって下流に栄養素を運んで土壌を豊かにします。そこから水を引いて水田や畑ができます。

そして、水の旅は海まで続き、そこで水蒸氣となって雲となり、再び雨となって山に帰ってきます。栄養素だけでなく、水もまた地球を舞台に循環活動をしています。

山には神様がいるし、その山自体も生命の循環システムを生み出す神様であります。

そして、ミクロの世界では空氣の中、目にみえる世界においても、時には雲になったり雨になったり、川や滝、海に至るまで地球上の隅々にまでくまなく存在する水は、地球全体から人間を含めた個々の生命の中にまで多く存在し、変幻自在にどこへでも旅に出ることができます。

この地球を構成している素材、人間や動植物も含めた生命を構成している素材の中でももっとも大切な存在のひとつであり、また生命の循環システムを生み出し、生物の命をつなぐ原点でもあるのが水という存在となります。

水がなければ、この世界もなければ私たちもいない。

水の惑星・地球、水の生命体である人類、それがなければ地球も人類も存在できない必要不可欠なもの。

それを大切に思う心から、信仰というものが生まれ、神という存在も生まれたのかもしれません。

神とは、この私たちを含めた生命、自然を生かしてくれる存在すべてであり、ただ、それが何かわからないから、古代の人々は「神」と呼んだのだと思います。

この生命の源ともいえる水。その水を構成しているのが水素という原子であるとすれば、これを「アメノミナカヌシ（天之御中主神）」という始まりの神と考えてもおかしくはありません。

もちろん水素に限らず酸素、放射能も含めたあらゆる原子も、この宇宙や地球、人を含めた生命体とこの世界を構成する必要不可欠な存在であり、微生物なども含めた目にみえない存在から、目にみえる山を中心とした自然物を含め、それぞれが神であり、すべてが必要不可欠な存在であるから**「八百万《やおよろず》の神々」**という言葉も生まれたのだと思います。

古代の人々にとっての神とは、自分たちが存在する根拠であり、生かしてくれる存在である自然のひとつひとつであってすべてであり、そういった八百万の神々に、人々は感謝の氣持ちを抱き、同時に畏れも感じていたことでしょう。

かつては「神への感謝」が信仰であったはずなのですが、いつの間にか人が作った宗教の世界においては、神への懺悔や、絶対なる神への忠誠という信仰が生まれ、いつしか教祖と信者という人間だけの信仰の世界にもなっています。

こうして宗教というカテゴリーに信仰も組み込まれ、人々の日常生活にあった信仰は忘れ去られて遠い存在となり、それどころか人類共通の信仰は、神ではなくお金というカミへの信仰に変わってしまいました。

一方で信仰の中心であった自然は破壊され、すべての始まりである水は汚染され、山岳信仰もどこ吹く風であり、山は荒れ、森林は伐採され、年々急速なスピードで砂漠が広がっています。

お金という〝カミ〟を信仰してしまった人類は、いつの間にか自分たちを本当に生かしてくれている神々の存在を忘れてしまい、その行く末は、やがて自分たちが生きていくことのできない地球環境を生み出すことになります。

いずれは食べることが必要でなくなる時代が来るかもしれませんが、まだ現在は人が生きるためには、食べることがまだ必要な時代です。

この自然を構成するあらゆる存在の循環の中で作物も育ち、その生命をいただくことで人間たちの生命も存在し、すべてが循環して地球は成り立っています。

地球という閉鎖空間の中、循環する世界の重要性を知っていたからこそ、あらゆる自然に畏敬の念を持ち、感謝の氣持ちを持って「神」を日常生活の中から意識していたのが古代の人々です。

取り返しのつかない事態へと発展する前に、今こそ人々は「生きる」ということの原点を振り返り、自分たちが生かされていることを自覚して、本来の信仰心を取り戻すべきだと思います。

⑤違いは自立している人か、依存している人か

籠の中の鳥が今、外の世界へと飛び立つ時。

野生の自由の世界を天国と思うか、それとも動物園で飼いならされていた頃の狭く不自由な世界を天国と思うか。

野生の外の世界を知り、自分たちが動物園の世界で飼われていたことに氣づいた人々にとっては、かつての動物園は地獄であり、これから始まる外の世界は天国のように思える

ことでしょう。

ところが多くの人々は、自分たちが動物園という限定された世界の中で寝床も食べ物も与えられて飼育されており、自分の力で生きているつもりが実は生かされていることにも氣づかず、なんとなく生きては死んでいくこの世界を地獄だとは思わず、どこか居心地の良ささえも感じているようです。

野生の本能も失われ、自分の力で生きていくことも忘れた動物園の動物たちが、ある日突然、アフリカの大草原の中へと放り出されたら、一体どういった人生を歩むことになるでしょうか。

外敵に襲われることもなく、決まった時間に餌も与えられ、自由はなくとも良くも悪くも平和に生かされていた動物園とは違い、今度は自然の循環の仕組みの中、自らの力で本氣で生きるための努力を日々やっていかないと生き残れないのが、野生の厳しさでもあります。

新しい時代の到来とともに、これまで人類を長い間支配・コントロールしていた存在、前述したアメリカの財界トップなどの権力が弱まり、彼らが作った世界が音を立てて崩れ始める中、**今まで動物園の檻の中に入れられ鎖でつながれて、自由を奪われながらも生かされていた人類は、これから鎖を解き放ち、檻から、動物園から出て自由の世界へと旅立ちます。**

外の世界は、動物園に比べたら何千倍、何万倍もの無限のフィールドが広がっており、いつどこに何をしに行くのも自由です。

食べたいものを食べ、やりたいことをやり、誰かの指示に従う必要もなく、やりたくもない仕事をやって見世物となり、無理にお客さんを喜ばせる必要もありません。

世界は自らの力によって自在に作り出せ、好きなように人生をデザインすることができます。

その代わり、自由と引き換えに自分の力で自立して生きていかなければ、今日、明日にでも息絶えてしまう厳しさも野生の中にはありますが、自立して生きていくことさえできれば、あとは毎日、心がワクワク踊る天国のような世界です。

同じ環境下に置かれても、そこを天国と感じるか地獄と感じるかは、その人の心の中や意識の環境次第。

外の環境が天国となり、幸せを与えてくれるのではなく、自分の中（内側）の環境が外の環境を天国にし、幸せを感じさせてくれます。

これまでの窮屈な世界から自由な世界へと誰もが強制的に飛び出させられる、目にみえる世界の夜明け。

自分が動物園の中にいることに氣づき、自立の準備ができた人には夜明けの世界は天国となるかもしれませんが、自分が動物園の中にいることさえも氣づかず、どこかにぶら下がり、誰かに依存することに慣れてしまった人には、まるでドラキュラが朝日を浴びるかのように、夜明けの太陽の光は眩し過ぎて、身を打ち砕くように降り注ぐかもしれません。

何かがきっかけで目覚めて自立する人と、何かにしがみついて依存する人の２極化。

夜明け前の今、少しでも依存から自立へと、意識も現実の生活もシフトすることが大事な時です。

その具体的な方法は、改めて第３章で詳しくお伝えしますが、ここでは新時代を迎える前にもうひとつ重要なポイントをお伝えします。

多くの人々が目にみえる世界しか見てこなかった時代が長く続き、その中で孤独に耐えながら目にみえない世界も探求してきた人々は、世の中の本当の夜明け、新しい時代の到来を今か今かと心から強く待ち望んでいることでしょう。

「今の世界は地獄のような暗い悪い世界であり、早く天国のような世界になってほしい」

夜明け後の新しい世界は天国のような世界、反対に夜明け前の今の世界を地獄のような世界として捉えている人もいるかもしれませんが、前述したように、天国も地獄も外の環境ではなく、自分自身の内側の目にはみえない「原因の世界」にあります。

外の環境という「結果の世界」がいくら変わっても、「原因の世界」である個人の内側が変わらなければ、いくら待っても新しい世界は到来せず、いつまでも現実は地獄の世界のまま変わらないかもしれません。

すでに夜が明けているのにカーテンを閉めたままでは朝日にも氣づかず、カーテンを開けてもサングラスをかけていたらお日さまの光を感じることはできません。

同じように、自分の心の窓のカーテンを閉めて、
心の目もサングラスをかけていては、
新しい世界の到来に氣づかず、
いつまでも暗闇の世界が続いていると思ってしまうでしょう。

それこそ闇夜の中でサングラスをかければより闇は深まるばかりであり、今のこの世界が地獄のようにみえるのも、無意識にかけてしまったサングラスによって本当の世界がみえていないことがひとつの原因かもしれません。

確かに今はまだ真っ暗闇の世界かもしれませんが、だからこそ輝く星をみることができますし、そんな暗闇を照らす月明かりに感謝することもできます。

でも、もしサングラスをかけていたら、その美しい星々の光さえもみえなくなってしまいます。

今の世の中を地獄と思っている限りは、これからやってくる世の中も地獄のようにみえてしまいます。

これは身近なところでは、転職や移住も一緒です。

今の会社が嫌で新しい会社へ転職しても、その理由がネガティブな動機であれば、新しい会社へ行っても、また別な理由でその会社が嫌になるかもしれません。

地震や放射能が怖い、そういった理由だけで新天地を求めて移住をしても、その移住先でもまた別の理由で恐怖を感じることがあり、氣づけば引っ越しを繰り返すことになるかもしれません。

同じように、今いる世界が嫌で嫌でしょうがないからといって、救いを求めるように新しい世界の到来を待ち望んでも、結局新しい世界は新しい世界で、また別の理由で嫌になってしまうことだってあると思います。

同じ世界にいるのに、自立している人と依存している人では１８０度別の世界になりますが、自分自身の心のあり方によっても、人それぞれ１８０度違う世界を体験することになります。

確かに新しい世界は放っておいても誰にでもやってくることでしょう。だから何も心配いらないのも確かだと思います。

ただ、それを良い世界か悪い世界か、どちらに捉えるのも結局は自分次第。本当の新しい世界はどこか遠くからやってくるのではなく、すべて自分の内側（中）にあるものなのかもしれません。

夜明け前の今、自立することに加えて必要なのは、心の目にかかっているサングラスを外すことです。

サングラスを外して、光を感じる力を
取り戻す準備だけしておけば、
きっと自由でワクワクするような
素晴らしい世の中になることは間違いありません。

地球の夜明け（世開け）はもう始まっている

鳴海周平

目にみえない世界で起こった3つの出来事

前節では滝沢泰平さんに、「目にみえる世界」からみた金融資本主義社会が抱える問題、そして私たちが、「新しい時代」を迎えるにあたって本質的に必要なものは何か、ということを述べていただきました。

私からはまずはじめに、私自身が体験した「新しい時代への移行」を感じさせる3つの出来事を紹介したいと思います。

どれも「目にみえない世界」で起こったことです。

①１９８７年

私が高校2年生だった頃のある朝、瞑想をしている耳元で、突然、声が響きました。

「キョウヨアケタゼヨ」

はっきりとした口調でしたが、明らかに人間の声ではありません。

異次元の世界に住む誰かがコンタクトをとってきた、という解釈が一番しっくりくるような感覚です。

高校に通いながらヒーリングを仕事にしていたこの頃、感覚がとても研ぎ澄まされていたこともあってか「不思議なこと」の体験は日常茶飯事でしたが、こんなにはっきりとしたメッセージは初めての体験でした。

「今日、世開けたぜよ」
「今日、夜明けたぜよ」

すぐに、漢字とひらがなに変換された2つのパターンが浮かんできました。

新しい世界が開ける、そして、夜が明ける。

現在に続く新しい世界の幕開けは、まさにこの時だったように思います。

後日、盟友のミラクルアーティスト・はせくらみゆきさんにこの話をしたところ、次のように教えてくれました。

「1987年は、ハーモニック・コンバージェンスが開催された年ね。これは、エジプトやマヤのピラミッド、シャスタなどの聖地と呼ばれるスポットに大勢の人が集まって『調和の祈り』が捧げられた世界的なイベントで、この時に『新しい世界が幕を開けた』ともいわれているの。この年から、地球意識がスピリットの統合へ向けて本格化した、と言っていいと思う」

地球はどうやら、この年に新しい世開け（夜明け）を迎えたようです。

②２０１２年７月17日

京都の下鴨神社。

氣の合う３人で、のんびりと旅行中だった私たちに、突然、４人めの参加者が加わってきました。といっても、目にはみえない、エネルギー体の参加者です。

「D」と名乗るその人物（?・）は、３人のうちの１人である、前述のはせくらみゆきさんのからだを借りて、さまざまなことを私たちに伝えてきました。

「いよいよ、世の立て替え、立て直しじゃ。その役を担うべき時が来た。覚悟はできておるか⁉」

語りかけてきた存在は、どうやらある宗教団体の開祖さん。

もう70年ほど前にこの世を旅立った方です。

約10分間続いたメッセージの内容は次のようなものでした。

・この時、このメンバーでここにいることは、すでに決められていた。

・世の立て替え、立て直しをする準備は整った。今からが本番。
・今後さまざまな場所で、エネルギーをつないでほしい。

以前にも、こうした「目にみえない存在」からのコンタクトはありましたが、ここまで存在感のあるエネルギー体は初めての経験でした。

厳かな中にも、やさしさに満ちた「愛」の波動。

からだが硬直してしまうほどの圧倒的なパワーに押されながら、私たち2人は、オーバーシャドウ※しているみゆきさんを通して誓いを立てました。

※オーバーシャドウ　高次元の存在が人にかかり、高次存在の意識と人の意識、からだを共有し、天啓や啓示を受けること。

「はい。私たちでよければ、一緒にお役を果たさせてください」

一瞬の沈黙の後、平常の意識を取り戻したみゆきさん。

「あれ、私なんかヘンなこと言ってた？」

「……はい、かなりヘンでした」（笑）

この時の**「さまざまな場所で、エネルギーをつないでほしい」**というメッセージが、私の現在の**「アースヒーラー」**という肩書きの原点となりました。

また、みゆきさんは、次のようにも教えてくれました。

「鳴海さんには『**神籬**《ひもろぎ》**になれ**』って、言ってるよ。神籬は、神様が降りてくる依《よ》り代《しろ》みたいなもので、エネルギーの仲介役。ヒーリングの要領で、天と地、場と場のエネルギーを交流させる感じかな。

ヒーリングした場所のエネルギーは、鳴海さんを通して、また次の場所のエネルギーとも交流を始める。たとえるなら、ミツバチが花と花を行き来して、受粉の手伝いをするイメージ。『新しい世界』という果実を実らせるためにも、大切なことみたい。

鳴海さんには『**場の癒し**』と『**エネルギーの交流（受粉）**』という2つの役割があるんだね」

この出来事のあと、まるで導かれるように世界各地を巡ることになるのです。

③２０１５年９月23日～25日

京都、富良野、伊勢、淡路島、鳴門、富士、エジプト、博多、対馬、宇佐、高千穂、阿蘇、台湾、スペイン、ポルトガル、琵琶湖、出羽三山、出雲、仙酔島、宮島、岡山、沖縄本島、宮古島……などなど。

前述の出来事以来、各地でアースヒーリングを行ないながら**「祈りの旅」**を続ける中で、時代の変わり目をはっきりと実感したのは、２０１５年9月23日～25日のこと。

滝沢泰平さん、長典男さん、高麗加緒里さんという「祈りの旅」メンバーの４人で戸隠、諏訪湖、富士山を訪れた時でした。

・９月23日

世界最古のピラミッドともいわれる長野県・皆神山。

中腹にある岩戸神社で祈りを捧げていると、大きな**「光の柱」**が立ち昇りました。

「祈りの旅」で光の柱があらわれることは、さほど珍しいことではありませんが、この時の柱は**「天と地がつながった」**ことを、はっきりと実感させてくれるものでした。

「……なんだか、大晦日みたいな雰囲気だよね」

4人が同時に、同じ感想を口にしたのは、ここであらわれた光の柱が、時代の大きな変わり目の象徴だったからではないかと思います。

・9月24日

戸隠で迎えた朝。

火之御子社であらわれたのは、ゆらゆらと動く**「光のカーテン」**でした。

昨日の「光の柱」と、エネルギーの質が似ています。

「これも、時代の変わり目の象徴かな?」

その答えは、翌日の富士山北口本宮で、長典男さんの解説（60ページをご参照ください）によって明らかになります。

午後に訪れた諏訪大社の四宮でも興味深いサインがあらわれました。

本宮と前宮では、うっすらと淡い色合いの**「十字架」**が、秋宮と春宮では、はっきりとした**「八芒星《はちぼうせい》」**（漢字の「米」のようなマーク）がみえたのです。

「諏訪大社の本宮と前宮は『上社』と呼ばれ、御頭祭《おんとうさい》や蛙狩《かわずがり》神事などがあるように、狩猟民族的といわれています。いっぽう『下社』と呼ばれる秋宮と春宮は、農耕民族的といわれているんです。

御神渡《おみわた》りという行事でも、湖面の氷に亀裂が入る現象を『上社にいる男の神が、下社にいる女の神のところへ通った跡』として、上社を男性的、下社を女性的なエネルギーの象徴とみなしています。

八芒星は、統合や調和をあらわすシンボルでもあるので、これまで大きなウェイトを占めて

火之御子社では、ゆらゆらと動く「光のカーテン」があらわれました。

いた狩猟的・男性的なエネルギーが、下社に象徴されるような農耕的・女性的なエネルギーとほどよい割合で調和する世界に変わるのかもしれませんね」

さすが、博識の泰平さん。

諏訪湖であらわれたサインもまた、新しい世界へ移行する「時代の節目」をあらわしていたようです。

・９月25日

諏訪湖畔の宿で、まだ暗い朝方に目が覚めました。

原因は「蚊の羽音」。そう、あの「プ〜ン♪」という音です。

「まあ、湖畔だからしょうがないよね。でも、もう少し寝たいなぁ……」

電氣をつけて、蚊を探すこと数分。……あれ？　どこにもいない。

ところが不思議なことに、羽音はずっと耳元で鳴り続けているのです。

その時、ふと**「天使のラッパ」**という言葉が浮かんできました。

「天使のラッパ？　どこかで聞いたことがあるような……」

そう思った瞬間、羽音はスーッと小さくなって消えてしまったのです。

その日の朝食時、泰平さんに数時間前に起きた出来事を話してみました。

「実は、僕も夜中から、ずっと熱くて寝られなかったんです。
何かのエネルギー体が、からだの中に入って来たような……。
天使のラッパは、『ヨハネの黙示録』に出てくる『最後の審判』を知らせる合図ともいわれていますから、からだが、時代の大きな節目を感じていたのかもしれませんね」

と、話している最中に携帯電話が鳴りました。

「おはよー。朝ご飯中？
ちょっとしたことがあったので、いちおう知らせておこうと思って」

北海道にいる私の妻からの電話です。

「昨日の夜中は、なんだかからだがとても熱くて、なかなか寝付けなかったんだけど、そのうちに不思議な音が聴こえてきたの。途中で高い音に変わって、そのうち自然に消えてしまったんだけど。それでね、なぜか**『天使のラッパ』**っていう言葉が浮かんできて……」

ふだん、あまりスピリチュアルなことは言わない妻から、まさか「天使のラッパ」という言葉が出てくるとは……。

しかも、今はその話題の真っ只中!!

３人が、同じタイミングで、同じような体験をし、北海道と諏訪という離れた空間で情報をシェアし合っているというシンクロは、やはり「時代の節目」を知らせるサインだったのだと思います。

この後、諏訪湖から向かった富士山でもサインはあらわれました。

富士山北口本宮でのお祈りで、私たちの前にあらわれたのは、前日に戸隠の火之御子社でみえた**「光のカーテン」**。ユラユラと揺れながら、私たち４人をやさしいエネルギーで包み込んでいます。

「羽衣をユラユラさせた磐長姫《いわながひめ》様が来てましたね。

美人で知られる木花開耶姫《このはなさくやひめ》に対して、姉の磐長姫はみにくかったと伝えられていますが、実は『みにくい＝みえにくい』という意味で、『目にみえないもの』が大切になる新しい時代の象徴ともいえる存在です」

みえないものをみる達人で、元高野僧の長典男さんがそう教えてくれました。

昨日、戸隠の火之御子社でみえた「光のカーテン」も、磐長姫様の羽衣だったんですね。

サン＝テグジュペリの小説『星の王子さま』に、こんな一節があります。

富士山北口本宮であらわれた「光のカーテン」は、戸隠の火之御子社であらわれたものと同じく「磐長姫様の羽衣」だったようです。

「大切なものは、目にみえない」

「みえにくいもの」が、よりいっそう大切になる時代。

9月23日から25日までの3日間に起こった出来事は、すべて「時代の移り変わり」、そして「目覚めた魂」たちが創る「新しい時代の到来」を示すものだったようです。

「天使のラッパ」は、段階を踏んで変化する

9月25日朝方の「音」は、その後の11月13日、年が明けた1月2日にも聴こえました。

1度経験していますから、もう蚊を探すことはありません(笑)。

「天使のラッパ」の解釈は、今のところ、次のような仮説に落ち着いています。

モスキート音に代表されるように、音の可聴範囲は人によって異なる。

音＝周波数と考えると、今まで聴こえなかった音が聴こえるようになるということは、聴く人の体質＝周波数が変わったか、環境＝地球の周波数が変わったか、もしくは、その両方の変化が考えられる。

「最後の審判」を「新しい時代の到来」と捉えるなら、「天使のラッパ」は「地球が新しい時代の周波数へ移行したことを知らせる音」であり、「地球に暮らす存在の周波数が、それに対応して変化した（魂が目覚めた）証」なのかもしれない。

「天使のラッパ」が、日を置いて何度か聴こえたことについては、次のような仮説を立ててみました。

環境の急激な変化は、さまざまなところでひずみを生じ、地球と、そこに暮らす存在にとっても、大きな負担がかかる。

「新しい時代」の周波数に変化することも環境の急激な変化であるため、無理がかからないよう、何度かの段階を踏んでいることが、その都度「音（＝天使のラッパ）」として認識されているのではないか。

もちろん、「音」ばかりでなく、もうひとつのサインとしてあらわれた「光のカーテン」や、「香り」「食の好みの変化」など、人や場所によっても「新しい時代」へ移行する際の感じ方はさまざまだと思います。

「新しい時代」の一端が、このように「五感で認識できること」として感じられるようになると、目にみえる世界の変化もいよいよ間近、ということになるでしょう。

五感と六感も「融合・統合・調和」する時代

講演会などで「天使のラッパ」や「光のカーテン」の話をすると、必ず何人かの方が「実は私も……」と、同じような体験を教えてくれます。

音や光以外にも、香りや、味覚の変化など、人によって感じ方はさまざまですが、「五」感を通じて、目にみえない世界（「六」感）の変化を感じ取っている方が増えているんですね。

「五と六には、それぞれ宇宙の法則を示す意味があるんですよ」

そう教えてくれたのは、波動測定の第一人者であり、私が代表を務めているエヌ・ピュアの研究開発顧問でもある山梨浩利先生でした。

山梨先生によると、**数字や形にはそれぞれエネルギーの特性があり、五と六にも、自然界の摂理（＝宇宙の法則）を示す意味がある**とのこと。

山梨先生から伺った話を、そのまま再現してみます。

〈山梨浩利先生のお話〉

①黄金比について

自然界には、数字や形の規則性というものが存在しています。

それを示す数字のひとつが**「黄金比」**。もっとも有名なのは、ギザにあるクフ王のピラミッドです。

黄金比は五角形を基本とした自然界の法則で、ＤＮＡの螺旋《らせん》構造にもあらわれています。同様に自然界の法則を示す六角形も、とても重要な形。つまり、「五」と「六」は、大自然を示すキーワードなんです。

②三角形・菱形・六角形

水の分子は、２つの黄金比を持つ三角形でできています。

この三角形を２つ合わせると、菱形や六角形になります。

雪の結晶や蜂の巣などの形でもある六角形は、自然の摂理から来る安定性、調和をあらわす形です。水晶やトルマリン、グラファイト、ダイヤモンドなど、高い波動の物質は六角形の構造になっているものが多く見受けられます。

炭素の原子番号も「六」です。

③五角形

陰陽五行の「五行」は、５つの元素・氣を示していて、これらの循環によって、万物が成り立っていることをあらわしています。

つまり「五」という数字の持つエネルギーは、大自然の法則や自然の秩序、生死、創造と破壊といった「流れ」「循環」「秩序」という意味合いを持っているんです。

また、五角形、五芒星は、黄金比を持った「星印」で、場を浄化したり、邪氣を寄せ付けないといった「結界」の働きを意味する形でもあります。

ピラミッドパワーも、この数字が持つエネルギーでしょう。

④五と六の持つ特性

五輪塔は、地・水・火・風・空の「五大」をイメージして作られたものです。

ここに、「識」という要素が加わった「六大」が宇宙の本質です。

五大は、物質的要素であり、その上に、修行などによって精神的な要素を身に付けて、初めて六大になる。つまり、悟りが開けるという意味合いです。

人間には、視覚・聴覚・嗅覚・味覚・触覚という五感が備わっています。

しかし、この感覚だけでは、宇宙の法則を理解できない。

ここでも**第六感が重要**であるということです。

すなわち「五」という数字の持つエネルギーが「プロセス」「修行」「学習」であるとすれば、「六」という数字の持つエネルギーは「結果」だということができます。

⑤五と六の関係

地球の地殻は、20個の六角形と12個の五角形で構成されたサッカーボール状になっているのではないかといわれています。

六角形だけをどこまでつなげても平面にしかなりませんが、ここに、空間をねじ曲げたり、次元を加える働きのある五角形を組み合わせることによって、きれいな球状構造を作ることができるわけです。

つまり「五」のエネルギーの存在がなければ、「六」という数字の持つエネルギーは存在できない。これは、**五大を理解できなければ、六大を得ることはできない**、ということでもあります。

ちなみに、ＤＮＡや性ホルモン、アミノ酸の基本構造も、五角形と六角形の組み合わせです。**生物のからだも無数の「五」と「六」で成り立っているんです。**

⑥まとめ

・自然界を含め、物質的な要素を持つ「五」
・精神的な要素を持つ「六」（「三」の２倍）
・「五」と「六」が出逢うことで完成形となる

宇宙の法則にあやかって、⑤までの項目を、⑥でまとめてみました（笑）。
実は、「祈りの旅」で頻繁にあらわれるサインにも、五芒星と六芒星があります。
そして、その後には必ず、融合・統合・調和を示す「八」芒星があらわれます。

「五」感を通じて、目にみえない世界（「六」感）を感じる時代。
五感と六感の融合は、八芒星に示される
「魂が目覚めた新しい時代」の象徴でもあるのです。

第2章

すべてが「融合・統合・調和」する世界へ

対談

滝沢泰平✕鳴海周平

摩周湖の龍が教えてくれた「新しい世界」

鳴海周平（以下、鳴海）　泰平さんと私、それぞれ違った立場から見ても、数多くの予兆があらわれています。いよいよ「新しい時代」が始まった感がありますね。

世界各地をご一緒しながら、目にみえない世界に働きかける「祈り」の作用が、とてもわかりやすい時代になったことを実感しています。

滝沢泰平（以下、滝沢）　そうなんですよね。目にみえない世界に働きかけている「祈り」に対して、天候やシンクロニシティなど、目にみえる世界での反応がとても早い。

祈りの後、すぐに日輪や彩雲などがあらわれることも、そう珍しいことではなくなりましたね。でも、２０１４年の夏に摩周湖でみた「雲の龍」は、さすがに驚きました。あんなにリアルに、髭や手足まで……。

鳴海　『まんが日本昔ばなし』のオープニングで、子どもが乗ってた龍みたいな（笑）。玉をくわえた蛇の雲もあらわれて、龍と絡み合いながら、山間にスーッと吸い込まれるように退場しました。摩周湖が、まるで壮大な寸劇会場になったかのようでしたね。

滝沢　これまでは、陰と陽、ムーとアトランティス、出雲と伊勢、平氏と源氏、五芒星《ごぼうせい》と六芒星など、相反する「二元性」の時代でしたが、新しい世界は、そうしたものがひとつになって調和する時代。蛇と龍の姿を借りてみせてくれた壮大な雲の寸劇は、まさしく「融合・統合・調和」をあらわすひな形だと思いました。

玉をくわえた蛇と龍は、「融合・統合・調和」を示すかのように、絡み合いながら山間に消えていきました。

いつも違和感を感じていた幼少期

滝沢　鳴海さんは子どもの頃から、しょっちゅうこうした現象を目にしていたんでしょう？

鳴海　しょっちゅう、龍は出てきませんよ（笑）。でも、物心がついたころから毎晩、宇宙人の会議のような話し声が聞こえていました。何を言っているのかは、さっぱりわからないんだけど、少し離れた居間のほうで何人かが話し合っているんです。毎晩毎晩、よく話が続くなぁって（笑）。

それと、ふと氣がつくと、とても大きな山のような意識体が家の中に居座っていることもありました。物体だったら絶対に入らないサイズなのに、なぜか入っちゃうのはエネルギー体だからなんでしょうね。「いつも見守っているから安心しなさい」というメッセージを感じるのですが、まずはそのサイズが安心できません（笑）。

こうしたことは、家族に話しても理解してくれないので、精神的にはちょっと不安定な小学生だったかもしれませんね。

滝沢　宇宙人会議は、今でも続いてるんですか？

鳴海　中学生で家を出て、下宿生活を始めてからすっかりなくなりました。

滝沢　えっ！　中学生で一人暮らししてたんですか？

鳴海　そうなんです。精神的に不安定なまま家にいたら、なんだかおかしくなってしまいそうな氣がして……。親には「医者になるための勉強がしたい」と言って（この理由もウソではありませんが）、車で約2時間ほど離れた函館市に引っ越しました。

身のまわりで起こっている不可思議な現象の意味を知りたい、という一心で、いろいろな宗教を訪ねて歩いたのもこの頃です。

滝沢　ヘンな子どもだったんですねぇ（笑）。

鳴海　泰平さんだって、人のこと言えないでしょ？

滝沢　まあ、確かに物心ついた時から「なんでこんな星に来ちゃったんだろう？」っていう疑問はありましたね。まわりの人たちと価値観が違うから、いつも自分がこの世界にいることに対して違和感を感じていました。地球という学校にやってきたのに、いつまでも周囲に馴染めない転校生みたいな氣持ちだったんです。

特に「死（目にみえない世界）」については、幼い頃から大きな関心事だったのですが、友達はもちろん、「死んだらそれでオシマイ」と思っている親や兄弟にもそんな話はできませんでした。

でも、ここ数年で、ようやく価値観を共有できるというか、素の自分でつき合える人たちと出逢うことができています。長い長い「孤独のトンネル」から、ようやく抜け出せたような感じです。

鳴海　そう考えると、時代は明らかに変わったんだな、って思いますよね。だって20年前だったら、こんな話をしているだけでアヤシイ目でみられていたのに、今は本にまでなっちゃうんだから（笑）。新しい世界は、人々の感性がますます多様化して、許容範囲もどんどん広がっていく。そして、氣の合う仲間たちがつながっていくんでしょうね。

滝沢　「融合・統合・調和」という、新しい世界のキーワードへ向かって、世の中は確実に動いていているように思います。

ヒーリングは、エネルギーの調整

滝沢　今から20年以上前、目にみえない世界がまだアヤシイ目でみられていた頃に、鳴海さんはヒーラーの仕事をしていたんですよね。

鳴海　宗教めぐりをしていた中学生の頃に、ヒーリングを教えてくれる師匠と出逢ったんです。相談に来られた方の悩みが、目の前でどんどん癒されていくのをみて「これは、凄い!!」って思いました。目にみえない世界に敏感な体質だったこともあって、エネルギーの流れがよくわかりましたから、癒しの原理も直感的に理解できたんです。17歳から本格的にヒーリングを始めたので「高校生ヒーラー」というアヤシげなネーミングで、あちこちからお呼びがかかりました。「お店に商売繁盛のヒーリングをしてほしい」という依頼で、ススキノにも頻繁に出勤しました（笑）。

滝沢　報酬は、生ビールだったとか（笑）。

ヒーリングというのは大まかにいえば、エネルギーの調整を行なうことですよね。

鳴海　はい、そうです。不調な箇所はなんとなく暗いというか、黒いというか。あるいは、重い感じがするんです。そこへ、自分のからだをパイプにして、宇宙のエネルギーを流していく。すると、その箇所がだんだん明るくなったり、軽くなったりします。違和感を感じなくなったらヒーリング終了。その人本来のエネルギーバランスに戻ったことで、不調箇所は調和されているんです。

滝沢　鳴海さんのヒーリングを受けると、からだがとても熱くなるんですよね。奥底の深いところからエネルギーが湧いてくるというか、自己治癒力が高まってくるのが、自分でもわかります。

鳴海　泰平さんには、どこへ行っても、そこに居る存在が「目にみえないアイテム」を預けてくるでしょう？　預かりものはエネルギーだから、ヒーリングの要領で「一時預かり」のような状態にしておく。すると、使う時にも取り出しやすいんです。これは、旅をご一緒いただいている元高野僧の長典男さんとも相談しながら行なっています。

滝沢　心強いかぎりです。いつもありがとうございます!!

ヒーリングから、アースヒーリングへ

滝沢　鳴海さんは今、基本的に人へのヒーリングはしていないんでしたか。

鳴海　はい、人へのヒーリングは20歳でいったんお休みしました。今は、勉強会を兼ねた形式でのみ行なっていますが、ヒーリングだけというのはやっていません。

理由はいろいろとあるのですが、一番の理由は「氣づきの機会を奪っているのではないか」と思ってしまったことです。

「その時はよくなるんだけど、またすぐに戻ってしまう」という方にヒーリングをしていた時、「氣づきの機会」という言葉が浮かんできたんです。

からだの不調、仕事や人間関係での悩みなどは、すべて何かに「氣づく」ために起こっている。本人がそのことに氣づき、魂の成長を遂げることが、生まれてくる前に「今生のシナリオ」としてプログラムされてきたことなのではないかと思って……。

なので、現在行なっているヒーリングは、「氣づきの機会」となるような情報提供を主とした勉強会形式にしています。

滝沢　「氣づきの機会」というのは、とてもよくわかる氣がします。

魂のレベルから本当に納得するには、他からもたらされた氣づきではなく、自分自身の中での氣づきが必要なのでしょうね。

２０１２年に、はせくらみゆきさんを通して告げられた啓示によって、鳴海さんは再びヒーラーとして活動するようになったわけですが、20年以上もビジネスの世界だけにとどまってきたブランクのようなものはありませんでしたか？

鳴海　それは、あまり感じなかったですね。ただ、20歳まで行なっていたヒーリングが「人」を対象にしていたことに対して、2012年からは「場」を対象とするヒーリングが主になりました。

　今は、はせくらみゆきさんがおっしゃっていた「天と地、場と場のエネルギーを交流させるエネルギーの仲介役」そして「ミツバチのように、場と場のエネルギーをつなげる受粉役」を、訪れた各地で淡々と行なっています。

「アースヒーラー」という肩書きは、エジプトなどにもご一緒した、洋子さんという方がつけてくれたのですが、洋子さん曰く「人と大地を通して、地球を癒す役割」なんだそうです。

滝沢　一緒に旅をしていると、自然界からの歓迎ぶりが伝わってきます。実際に、その場所の雰囲氣がどんどん変わって、日輪や彩雲、虹といったサインがあらわれますから、自然界の反応はとてもわかりやすいな、といつも思います。

鳴海　泰平さんと、元高野僧の長典男さん、巫女《みこ》役の高麗加緒里さんの4人でまわっている「祈りの旅」では、いろいろなサインが示されますね。氣象の変化のような、わかりやすいサイン以外では、皆それぞれ感じ方が違うのも興味深いところです。

自分の場合は、三角形や五角形、菱形、六角形などの図形がイメージとしてあらわれることが多いので、４人でお互いに感じたことをシェアしながら、図形などの意味するところをひも解いていく、ということをずっと続けています。

こうしたサインの感じ方に関していえば、加緒里さんと自分は「右脳派」、長さんと泰平さんは「左脳派」という感じですが、同じ「左脳派」でも、お二人の情報のとり方はまったく違っているようです。

滝沢　幼少の頃から目にみえない存在と交流している長さんは、神霊と呼ばれる存在から「あの世」経由で情報をいただくことが多いようですが、僕の場合は「この世」側からの情報がほとんどです（笑）。

２０１５年　時代の節目で起こった出来事の背景にあるもの

●皆神山

滝沢　鳴海さんが第1章（48〜68ページ）で述べていたように、２０１５年の9月23日から25日の３日間は、「この世」的な情報からみても、時代の大きな節目だったと思います。それは、この期間に訪れた場所を「ひな形」と考えると、よくわかります。
まず、23日に行った長野県の皆神山ですが、ここは第２次世界大戦中、日本の戦況が悪くなった時に、大本営（戦時中に設置された日本軍の最高統帥機関）、政府、皇室を含む首都機能を移転させる計画があったといわれているところで、世界最古のピラミッドとも呼ばれています。50年ほど前には、５年間で70万回以上という謎の群発地震が発生しましたが、原因は未だに解明されていないんです。

鳴海　確かに、見た目も人工物のような山ですよね。

滝沢　山頂にある皆神神社には、通常の神社ではちょっと考えられないような紋章や文章が幾つもあるのですが、中でも「天地カゴメ之宮」が建立された由来は驚きの内容ですよ。

皆神山に建つ「天地カゴメ之宮」の建立由来

〈天地カゴメ之宮建立由来〉

昭和49年1月23日、旧暦1月元旦、国常立大神《くにとこたちおおかみ》お立ち上りの神示あり。諏訪大神より、2月5日節分から信洲神業に発てと神示を受け、2月6日大雪の聖山神社へと向う。

「皆神山へ行け。元の元の大元の大神様のお立ち上りと成りた。コトの大事の秘められし、その頂上なる神の御出現じゃ。」と神示あり、ついで戸隠中社に於いて「この信洲、神の洲と書いて、神洲と読むことを知っているか、皆神山へ参れよ。」と神示を受け、翌2月7日積雪の皆神山に初登山をする。

皆神神社神前にて午前10時入神状態となる。大勢の神々参集されたなか、神業は新しい大神様地上神界天降りを出産の型で示され、戴冠式の形となり全ての神儀終了は正午、この皆神山は古代より地球上において、神界で選ばれた唯一の聖地であり、宮も又同じなり。

天地カゴメ之宮は、上に元津御祖大神《もとつみおやすめおおかみ》、また、ヒマラヤから国常立大神の元津神霊を宮の御大将と迎へ、日之出大神はじめ天地八百万の神々、龍神眷族、モーゼ、キリスト、ギリシヤ神話の神々に至るまで参集され、現在は伊都能売《いづのめ》神業にあり、此度神々より皆神山守護のため宮の建立を許され、ここに謹んでお受け致した次第を印す。

平成元年十月十日

天地カゴメ之宮　斉仕　神宮一二三

滝沢　「天（△）地（▽）カゴメ」という名称、「十六菊花紋の中に六芒星」という紋章も意味深でしょう？

さらに進むと、大本教の出口王仁三郎さんの歌碑があります。

地質学上　世界の中心山脈の
十字形せる　珍の神山
天霊の　聖地に些しも　違はざる
尊き神山　皆神の山

出口王仁三郎

皆神山に建つ出口王仁三郎の歌碑

鳴海　確かに、凄い登場人物のオンパレードですね。

滝沢　他にも、「世界最大最古の皆神山ピラミッド」「謎の皆神山ピラミッド物語」などの由緒書きが建ち並んでいて、もう何でもあり、という感じです（笑）。

鳴海　この「カオス感」も、新しい世界のひな形なのかもしれませんね。

滝沢　皆神山の位置も、日本三霊山と呼ばれるうちの、富士山と白山から皆神山までがきれいな二等辺三角形で結ばれていて、白山と富士山を結ぶ一辺の中央から垂直に引いた線上の南には伊勢の「伊雑宮《いぞうぐう》」、北には秋田県の「唐松神社」があります。

こうしたスポットが皆神山を通じてつながっていることは、それぞれが持つ役割から考えても、やはり「融合・統合・調和」という意味があるように思います。

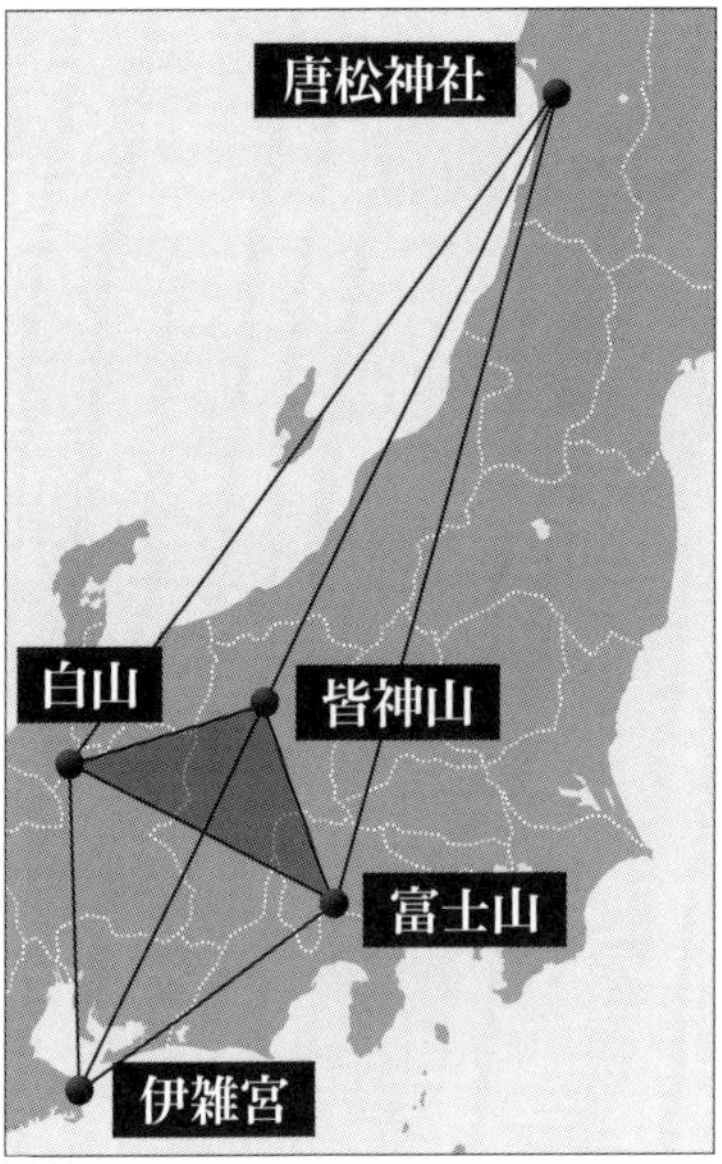

●守屋山

滝沢　24日に訪れた守屋山は、『旧約聖書』に登場するモリヤと同じ名前です。

〈イサクの燔祭《はんさい》〉


これらのことの後で、神はアブラハムを試された。神が「アブラハムよ」と呼びかけ、彼が、「はい」と答えると、神は命じられた。

「あなたの息子、あなたの愛する独り子イサクを連れて、モリヤの地に行きなさい。わたしが命じる山の一つに登り、彼を焼き尽くす献げ物としてささげなさい。」

次の朝早く、アブラハムはろばに鞍を置き、献げ物に用いる薪を割り、二人の若者と息子イサクを連れ、神の命じられた所に向かって行った。

三日目になって、アブラハムが目を凝らすと、遠くにその場所が見えたので、アブラハムは若者に言った。

「お前たちは、ろばと一緒にここで待っていなさい。わたしと息子はあそこへ行って、礼拝をして、また戻ってくる。」

アブラハムは、焼き尽くす献げ物に用いる薪を取って、息子イサクに背負わせ、自分は火と刃物を手に持った。二人は一緒に歩いて行った。

イサクは父アブラハムに「わたしのお父さん」と呼びかけた。彼が「ここにいる。わたしの子よ」と答えると、イサクは言った。

「火と薪はここにありますが、焼き尽くす献げ物にする小羊はどこにいるのですか。」

アブラハムは答えた。

「わたしの子よ、焼き尽くす献げ物の小羊はきっと神が備えてくださる。」

二人は一緒に歩いて行った。

神が命じられた場所に着くと、アブラハムはそこに祭壇を築き、薪を並べ、息子イサクを縛って祭壇の薪の上に載せた。

そしてアブラハムは、手を伸ばして刃物を取り、息子を屠《ほふ》ろうとした。

そのとき、天から主の御使いが、「アブラハム、アブラハム」と呼びかけた。彼が、「はい」と答えると、御使いは言った。

「その子に手を下すな。何もしてはならない。あなたが神を畏れる者であることが、今、分かったからだ。あなたは、自分の独り子である息子すら、わたしにささげることを惜しまなかった。」
アブラハムは目を凝らして見回した。すると、後ろの木の茂みに一匹の雄羊が角をとられていた。アブラハムは行ってその雄羊を捕まえ、息子の代わりに焼き尽くす献げ物としてささげた。
アブラハムはその場所をヤーウェ・イルエ（主は備えてくださる）と名付けた。そこで、人々は今日でも「主の山に、備えあり（イエラエ）」と言っている。

（創世記　22章1－14節／新共同訳）

滝沢　守屋山をご神体とする諏訪大社には、「御頭祭《おんとうさい》」というお祭りがあります。ミサクチ神という諏訪の神様に、おこう（御神・神使）と呼ばれる15歳未満の少年を捧げ、少年は「御贄柱《おにえ》」に縛り付けられた後、竹のむしろの上に押し上げられ、刃物が登場したところで諏訪の国からの使者や神官によって解き放たれる、というものです。

鳴海　なんだか「イサクの燔祭」と似ていますね。

滝沢　はい、まったく一緒です（笑）。ミサクチは「ミ（御）・イサク・チ（接尾語）」なので、完全にイサク神を祀っているお祭りなんです。渡来した古代ユダヤ人は、縄文人と共生しながら、この地に独自の文化を築いていったんじゃないでしょうか。

つまり、守屋山と諏訪湖周辺は、ユダヤと日本の歴史を反映している「ひな形」の場所とも考えられるんです。

●諏訪湖

滝沢　諏訪湖には、本宮、前宮、秋宮、春宮という4つのお宮からなる諏訪大社がありますが、先の2つは「上社」、後の2つは「下社」と呼ばれていて、由緒なども異なっているようです。

鳴海　第1章でも述べましたが、諏訪大社を訪ねた時に、本宮と前宮では「うっすらと淡い色合いの十字架」が、秋宮と春宮では「はっきりとした八芒星」がみえました。

滝沢　そこがとても興味深いところなんですよね。

というのも、「上社」と呼ばれる本宮と前宮は、渡来してきたユダヤ系と関係が深いとされていて、御頭祭や蛙狩《かわずがり》神事などがあるように、狩猟民族的ともいわれているんです。

一方、「下社」と呼ばれる秋宮と春宮は、農耕民族的といわれています。

御神渡《おみわた》りという行事でも、湖面の氷に亀裂が入る現象を「上社にいる男の神が、下社にいる女の神のところへ通った跡」として、上社を男性的、下社を女性的なエネルギーの象徴とみなしています。

鳴海さんがみた「八芒星」は、統合や調和をあらわすシンボルでもあるので、これまで大きな割合を占めていた狩猟的・男性的なエネルギーが、下社に象徴されるような農耕的・女性的なエネルギーとほどよく調和する時代に変わるサインだった、とも解釈できるんです。

また時代をさらに遡ると、上社と下社の関係は、この地の土着民族と時の政権の関係でもあったようです。「争いをせずに和合できた初めての場所」ともいわれていますから、八芒星が示す意味合いにも通じていますね。

鳴海　ユダヤと日本、土着民族と当時の政権がとても深く関係していた場所でもあったんですね。

滝沢　「イサクの燔祭」に少し話を戻しますが、キリスト教の見解の中には、4000年前に起きたといわれるこの出来事を、それから2000年後に起こる「イエスの処刑（生け贄）」の予型とする考え方もあるんです。

「モリヤの地」に着くまでの3日間、アブラハムの心の中で、イサクはすでに「死んだ存在」でした。しかし、御使いの声によってイサクは「生き返り」ます。
　2000年後、同じモリヤの地（エルサレム）で「生け贄」となったイエスも、やはり3日後に「復活」を果たしていることから、先の出来事が予型とされているんですね。

鳴海　「予型」は、後に起こることの兆しとなる「ひな形」に近い意味ですか?

滝沢　はい、『聖書』の解釈方法のひとつで、『旧約聖書』の事例が、『新約聖書』の予兆になっている、という考え方です。
「イサクの燔祭」に出てくるセム系民族末裔のアブラハムには、異母兄弟であるイサクとイシュマエルという息子がいますが、イサクの子孫がユダヤ人、イシュマエルの子孫がアラブ人となったといわれているんです。つまり、今日の宗教同士の争いは、元を辿ればアブラハムの末裔同士の兄弟喧嘩ともいえるわけです。
　ここにも現代につながる予型が示されているように思います。

鳴海　モリヤの地は、さまざまな予型の舞台になっているんですね。

滝沢　かつてソロモン王が神殿を建てたエルサレムのシオン山も、イエスが処刑された旧市街地のゴルゴタの丘も、モリヤの地だったといわれています。

日本では、守屋山と諏訪湖周辺が、このモリヤの地にあたるので、ここで起こったことは、これから起こる出来事の予型とも考えられますね。

鳴海　そうすると、諏訪湖畔で聴こえたのは、やはり「天使のラッパ」ということになりますか……。

滝沢　実は、あのあと「同じ日に、同じような音が聴こえていた」と、何人かの知人に言われたんです。皆、目にみえない世界に敏感な人たちで、「この世界の周波数が、新しい時代に向けて変化を始めた音」だと解釈していました。

「天使のラッパ」は、『聖書』の中の「ヨハネの黙示録」にある「最後の審判」を知らせる合図ですが、これは、これまでこの世界を構成してきた周波数が、新しい世界の周波数へと変化する音であり、それに伴って、人々の意識も大きく変化していくことの予型でもあると思います。

●富士山

滝沢　富士山北口本宮では、鳴海さんも長さんも「光のカーテン」がみえていたんでしたね。

鳴海　長さんから「光のカーテン＝磐長姫《いわながひめ》様の羽衣」と教えてもらいました。

美人で知られる木花開耶姫《このはなさくやひめ》に対して、姉の磐長姫はみにくかったと伝えられていますが、実は「みにくい＝みえにくい」という意味で、「目にみえないもの」が大切になる新しい時代の象徴ともいえる存在なんだ、とも。

滝沢　木花開耶姫をご祭神にしている富士山で、磐長姫があらわれる……。これは、本当に凄いことだと思います。これもまた「融合・統合・調和」のひな形なのでしょうね。

そもそも富士山は、世界開闢《かいびゃく》の地といわれているところです。

縄文時代に、ムーの末裔によってこの地に文明が生まれ、古代の神々と呼ばれる存在もここで即位していたといいます。２度の噴火によって都は滅んだとされていますが、富士山の神髄は、霊的な意味を含めた「富士曼荼羅」と呼ばれる仕組みにあるようです。

鳴海　富士山は、確かに特殊なエネルギー構造をしていますよね。

滝沢　9月23日から25日というタイミングでこの地を訪れたことも、大きな意味があったのだと思います。というのも、この期間は「テトラッド」と呼ばれる極めて稀な天体現象の最後の数日間と重なっているんです。

２０１４年４月15日から２０１５年９月28日までの約１年半の間に、部分月食を含まない皆既月食のみが4回連続しました。この「テトラッド」と呼ばれる現象が起こったのは、過去500年間でたったの3回だけといわれています。

鳴海　今回の「テトラッド」は、特に珍しいタイプだったんでしょう？

滝沢　そうなんです。1年半という期間に、2度の日食をはさむタイプで、これは約2000年ぶりのことらしいです。『旧約聖書』には「世界の終わり＝古い時代の終わり」をあらわす最後の「テトラッド」として記されています。

　こうした特異な期間に、皆神山、守屋山、諏訪湖、富士山という意味深い場所を訪れ、それぞれから「融合・統合・調和」の証が示されたことは、本当に意義あることだと思うんです。

鳴海　宇宙に存在する星々は、それぞれが独自のエネルギーを放ちながらお互いに影響を与え合っていますから、星の配列によって、環境や人の意識が変わることは充分考えられるでしょうね。

滝沢　そういえば、4人が口を揃えて「なんだか大晦日みたいな雰囲氣だね」って言いながら、「年越し蕎麦」を食べたんでした……（笑）。

新しい世界が、いよいよ開けたんですね。

第3章

「新しい世界」のためにできること

新しい世界のために、私たち一人一人ができること

鳴海周平

「新しい世界」がもうすぐ到来することは、間違いないようです。では、その「新しい世界」を迎えるにあたって、私たちが今できることは何でしょうか？

第3章では、このことを一緒に考えながらお読みいただけたら幸いです。

私、鳴海周平からは、目にみえない世界で感じた「新しい世界」のひな形について、滝沢泰平さんからは、目にみえる現実世界ですでに始まっている「新しい世界」のライフスタイルについて、一人一人ができることなどを中心に述べていきたいと思います。

心配や不安は、もう必要ない

「祈りの旅」では、目にみえない世界で、さまざまなビジョンがあらわれます。

中でも頻度の高いのが**「玉（珠）」**。

これは、新しい時代にもつながる、とても大切なサインだったのです。

①2014年11月11日　台湾・日月潭にて

2012年8月。北海道の富良野市、芦別市、南富良野市にまたがる芦別岳で、アースヒーリングをさせていただく機会がありました。

ここは、大本教の出口王仁三郎さんが「国祖・国常立尊《くにとこたちのみこと》が退隠された聖地」と呼んでいた場所。確かに、ただならぬ大きさのエネルギーを感じます。

この地のエネルギーと交流しながら感じた場所は、台湾の日月潭。

「なぜ、台湾？」と思った時に、次のような言葉が浮かんできました。

「北海道のど真ん中にある芦別岳（山）と、台湾のど真ん中にある日月潭（湖）は、エネ

ルギー的に陰陽の関係にある。この2箇所がつながることは『融合・統合・調和』に示される『新しい世界』の象徴となる」

それから2年後の2014年11月11日。

芦別岳で感じたメッセージに導かれるように、台湾の日月潭でアースヒーリングをさせていただくことになった私は、日月潭に浮かぶ拉魯《らる》島に、これからの地球を重ね合わせたビジョンをみていました。

台湾の原住民サオ族の聖地でもある拉魯島が、日月潭の四方をつなぐ大きな光のクロス（十字架）の中心で、青と緑に光る球体となって輝いていたのです。

日本統治時代には「玉島」と呼ばれていた拉魯島。

「日月」潭と「玉島」というキーワードは、預言の書としても知られる『日月神示』と、それを自動書記で授かったという岡本天明さんの出身地・岡山県倉敷市「玉島」につながっていました。

さらに、岡本天明さんとも関係が深く、芦別岳を「国祖・国常立尊が退隠された聖地」

と呼んでいた大本教の出口王仁三郎さんが、「聖地」として生前に訪れていた場所でもあったのです。

「青と緑に光る球体は地球。これは、日月潭を宇宙に見立てたひな形である」

日月潭で感じたメッセージは、このビジョンが、広大な宇宙の中で、白く輝くクロスに護られながら進化を遂げていく地球の姿であることを教えてくれました。

出口王仁三郎さんの導きにより、芦別岳と日月潭という2つの聖地を通じてみえた近未来の「ひな形」は、宇宙全体の意志のもとで一人一

2014年11月11日11時11分。台湾・日月潭の文武廟から「新生地球誕生を祝う祈り」を捧げました。

人の魂が目覚め、地球がすでに「新しい時代」へ入ったことを示していたのです。

②2015年6月23日　琵琶湖・竹生島にて

２０１５年夏至の翌日、「祈りの旅」で琵琶湖を訪れた時のことです。

滝沢泰平さん、元高野僧の長典男さん、巫女《みこ》役の高麗加緒里さんと一緒に、琵琶湖に浮かぶ竹生島へ渡り、竹生島神社へお参り。本殿でエネルギーの交流をしていた時に、相合傘のようなビジョンがあらわれました。

「おっ、運命の人の名前でもあらわれるのか?」（笑）

と、思いきや（奥様、ごめんなさい）、傘の右側からゆっくりと降りてきたのは、桃のような球体。雫《しずく》のように、上が少しだけ尖っているようにもみえます。

「それはたぶん、宝珠《ほうじゅ》だと思いますよ」

そう教えてくれたのは、みえないものをみる達人・長典男さん。

長さん曰く、宝珠は「願いを叶える宝の珠」で、この場所にあらわれた意味は、新しく生まれ変わった地球を宝珠に見立てた「ひな形」としてあらわしているのではないか、とのことでした。

確かに、相合傘（？）から「珠」が降りてきた様子は、何かが生まれた、という表現がぴったり。

琵琶湖の「宝珠」もまた、日月潭でみた「玉」と同じく、地球が新しく生まれ変わったことをあらわしていたようです。

琵琶湖の竹生島では、ビジョンに「宝珠」があらわれました。

白く輝くクロスに
護られながら、進化する地球。
そして、宝珠のように
新しく生まれ変わる地球。

2つのビジョンが示す近未来の地球の姿は、**「心配や不安は、もう必要ない」**という、宇宙の摂理からのメッセージなのだと思います。

鳳凰と龍が統べる時

新しい世界は、陰と陽、プラスとマイナス、善と悪など、
今まで2極に分かれていたものの隔たりが、

どんどんなくなっていく世界。

訪れた各地でエネルギーの交流をしていると、そのことをはっきりと示すビジョンがあらわれます。

２０１３年９月に訪れたエジプトでの出来事です。

①出発前の瞑想で

エジプトへの旅が決まってから、瞑想中にあらわれるようになったビジョンのひとつに、**火の鳥**のような存在と、**尻尾に長い毛がたくさん生えた亀**のような存在がありました。

このビジョンをみた時に思ったのが、両者とも「出逢おうとしているんだけど、未だに出逢えていない」という感じ。

でもそれは、出逢いに必要となる決定的な何かが欠けている、という理由ではなく、出逢うための準備はできているんだけれども、あとはタイミングを待っているだけ、というイメージでした。喧嘩をしたあとで、なかなか「ごめんね」と、言い出しにくいような感じにも似ているような……。

「これは、おそらくエジプトに関係しているエネルギー体なんだろうな」という予感は的中。エジプトのコム・オンボ神殿という場所で、その答えは明らかになるのです。

②コム・オンボ神殿

ナイル川畔の小高い丘に建つこの神殿は、ちょっと変わった造りになっていました。

普通の神殿は、建物の中央に通路が1本ですが、ここは2本。塔門や神殿の入り口、至聖所も2つあり、神殿全体が二重構造になっています。

「ここは、**ハヤブサの神ホルス神**と、**ワニの神ソベク神**の2神を祀っている神殿。普通は神様1体だから、通路も入り口も全部1つずつね。でも、ここ2体の神様だから、全部2つずつ。これはエジプトでも、とても珍しい造りだよ」

現地ガイドさんの説明を聞いた時に浮かんできたのは、瞑想中にあらわれていた**「火の鳥」**と**「尻尾に毛の生えた亀」**。どうやら、火の鳥はハヤブサの神ホルス神を、亀はワニの神ソベク神を象徴するエネルギー体だったようです。

この地で捧げた祈りのキーワードは**「仲直り」**。

これは、事前に「祈りの旅」のメンバーが受け取っていたメッセージでした。

両者の融合・統合・調和をイメージした祈りの後で立ち昇った**「光の柱」**は、出逢い（仲直り）が無事完了したことを示していたように思います。

実は、前述した2014年11月11日の台湾・日月潭でも、同様の出来事がありました。

日月潭の畔に建つ、その名も**「龍鳳宮」**という廟においての祈りで、**龍（＝亀やワニに象徴されるエネルギー）と鳳凰（＝火の鳥に象徴されるエネルギー）の融合・統合・調和**が成されたのです。

日月潭の湖面から、金色に光り輝く大きな龍

ハヤブサの神ホルス神と、ワニの神ソベク神の2神を祀っているエジプトのコム・オンボ神殿。

が「光の柱」のようになってどんどん天へと昇って行く様子は、エジプトのコム・オンボ神殿と同じく、両者の出逢い（仲直り）が、無事完了したことをあらわしているかのようでした。

③オールドカイロ

エジプト最終日に訪れたオールドカイロ。

幼子だったイエス・キリストが母マリアと共にかくまわれた場所という聖ジョージ教会で、祈りを捧げながらエネルギー交流をしていると、真っ白な十字架があらわれました。

「きれいなクロスだなぁ……」

しばしみとれているうちに、エジプトツアー初日のカルナック神殿であらわれた**「Xの形をした羽のようなエネルギー」**が再び出現。

真っ白な十字架の上に重なり、「米」の漢字に似た八芒星《はちぼうせい》へと変化しました。

「光は、八方に広がる。融合・統合・調和は、愛によって成される」

やわらかくてやさしい、真っ白な光が広がったその部屋で受け取ったメッセージは、愛の波動に満ちた「新しい世界」の姿を、はっきりとイメージさせてくれるものでした。

そして、教会の表に装飾してあったレリーフからもこんなメッセージが。

「宗教同士の和解（融合・統合・調和）も、愛によって成される」

数千年にもおよぶ、宗教を起因としたさまざまな感情のエネルギーが、融合、統合しながら、どんどん調和へと向かっていく近未来のイメージが浮かびます。

宗教的感情が複雑に交錯するこの地で示された「和解（融合・統合・調和）のひな形」もまた、今まで２極に分かれていたものの隔たりが、どんどんなくなっていく「新しい世界」をあらわしていたのでした。

各地において、異なるエネルギーの象徴としてあらわれた龍と鳳凰、十字架とX。

両者が融合・統合・調和される「新しい時代」は、一人一人の「魂の目覚め」とともに、すでに到来しているのです。

聖ジョージ教会にあったレリーフは、エジプト初日に訪れたカルナック神殿であらわれた「Xの形をした羽」を逆さにしたマークそのもの。宗教同士の和解（融合・統合・調和）が愛によって成されることを示しているようです。

新しい時代では、一人一人が「ひな形」となる

2015年7月7日。

山形県酒田市で行なわれた講演会で、面白い形のエネルギーがみえました。

参加している方々の頭頂から、クルクルまわる「渦巻き」が出ていたのです。

この形のエネルギーは、パワースポットと呼ばれる場所で、しばしば目にしたことがありましたが、人の頭の上から出ているのをみたのは初めてのこと。

目にみえないものをみる達人・長典男さんの見解は次のようなものでした。


「パワースポットが『場所』から『人間』へ移行しているのかもしれません。でも、すっかり移ってしまうというよりは、割合が変化するという感じかな」

私たちはこれまで、地球という星にお世話になりながら、あまりにもエネルギーを「与

えてもらう」割合が多かったのかもしれません。

新しい世界では、その割合が変化し、人間の持つエネルギーと地球（や、他の天体）のエネルギーとが、相互に与え合う関係へと進化していくのではないか……。

数年前から、神社や磐座《いわくら》といった「パワースポット」と呼ばれるところを訪れても、場所によっては、あまり大きなエネルギーを感じなくなってきた理由がわかったように思いました。

じっさい、最近の講演会では、参加された方々から**「家に帰ったら、調子が悪いと言って寝込んでいた家族が元氣になった」「経営しているお店にお客さんが増えた」「凄く吠えていた飼い犬が、おとなしくなった」「家の中がとても明るくなって、家族の会話が増えた」「観葉植物が元氣になった」**といったお声を聞くことが、とても多くなりました。中には**「習い事が急に上達した」「カラオケが上手くなった」**という方も（笑）。

講演会場にいつも漂っている「光のカーテン＝磐長姫の羽衣」（60ページをご参照ください）が、参加されている方々とのエネルギー交流を通じて「人間のパワースポット化＝魂の目覚め」を促進してくれているのかもしれません。

パワースポットはもともと、エネルギーの大きな場所。

一人一人がパワースポットになるということは、常に大きなエネルギーと交流していることを意味しています。そのぶん、想いや行動が「ひな形」となって、現実世界にも反映されやすくなります。

２０１５年９月24日、諏訪湖北東部にある霧ヶ峰でのエネルギー交流の際に受けたメッセージは、このことの大切さを改めて認識させてくれるものでした。

「想いを形に。小さくてもよいから、まずは身近なところからひな形を」

何かをかたどって、そのまま小さくしたものという意味の**「ひな形」**は、何かの出来事の元となるものであり、その兆しを示すもの。

私たちが何かを想い、それを行動に移す（形にする）ことは、一人一人がパワースポットとなる新しい時代において、とても大きな意味を持つようです。

では、私たち一人一人にできることは何なのか？

「目の前の『人』や『こと』を大切にすること」

今の時点で、私はこの答えが一番しっくりきています。

今、まわりにいる家族や友人とは、どんな時間を過ごしていますか？
今、起きている出来事には、どんな想いで向き合っていますか？

一人一人がパワースポットとなる新しい世界は、想いがそのまま「ひな形」となって未来を創造していきます。

規模の大きな理想に想いを馳せてしまうあまりに、「今、ここ」にいる人や、出来事から想いが離れてしまっては、本末転倒になってしまうと思うのです。

まずは、身近な人と素敵な時間を
過ごすことを心がけてみる。
そして、目の前の出来事を
存分に満喫しながら取り組んでみる。

「今、ここ」を大切にしているあなたは、まさに「歩くパワースポット＝目覚めた魂」として、新しい時代のひな形を日々創造しているのです。

日本版キブツに向けて

滝沢泰平

①「目にみえる食」から「目にみえない食」に意識を向ける時代

目にみえる世界と目にみえない世界が融合されて始まる新しい世界。

この新しい世界は、これまでの世界とも価値観が大きく変わることが予想されています。都会も良いけど田舎も良い。お金も大事だけど人々の健康や生命、地球環境ももっと大事。目にみえることだけでなく、目にみえないことも日々生活の中で意識して……。

そうすると人間にとって必要不可欠である衣食住への価値観や実際のあり方もすべて変わってきます。

消費者の多くは、ただお腹を満たすことだけを目的としているのが現在の食文化。もちろん、美味しくてお腹も満たしてくれて、それでいて安い食べ物であれば言うことなしでしょうが、「それを作るためなら何をしても構わない」というのが資本主義経済の中の生産者側の考え方です。

作ったもので誰かを喜ばせたいという想いはあっても、それがいつしか消費者のためではなく会社のため、株主のため、お金のためとなっており、**1秒でも早く1円でも多く稼ごうと、そのためには人の健康がどうなろうと地球環境がどうなろうとお構いなしであり、どれだけお金になるかが生産活動のすべてとなっています。**

その結果、食の世界でも野菜をはじめ、肉や魚、卵から乳製品に至るまで、今の社会の中では口に入る物のほとんどが天然のものではなく、人の手が加わった人工物となっています。そのほうが何でも安く、大量に生産できるからです。

少しでも〝野菜（お金）〟が大きくなるように化学肥料でブクブク太らせ、少しでも楽に安く栽培しようと除草剤を撒いたり、少しでも〃野菜（お金）〃が虫や病氣にやられないように農薬で薬漬けにしているのは、世界でもトップクラスの農薬消費国である日本では常識となっています。

畜産も少しでも早く〃お金〃を大きく成長させようとホルモン剤を餌に混ぜたり、大切な〃お金〃が病氣にならないように抗生物質をバンバン投与したり、動物たちも野菜と同じで薬漬けとなっており、これは養鶏や魚の養殖もすべて一緒です。

人間社会も薬漬け、この世界では人間が関わっている動植物の生命も皆すべて薬漬けとなっており、さらに少しでも在庫を〃長持ち〃させる（お金にする）ために防腐剤も大量に使われ、余計なトラブルを避けるためにも徹底的に良い菌も悪い菌も構わず殺菌しており、その防腐剤や消毒液が体内に蓄積されて、後々人間が病氣になってしまうことなど二の次となっています。

「人」を「良くする」と書くと「食」という字になりますが、今の社会では「人」を「病氣にする」と書いて「食」といっても過言ではありません。

口に入れれば、とりあえず〃食べ物〃として位置付けられていますが、それが本当の意味で人間にとって〝食べられる物〟であるかは難しいところです。

お金のためなら生産過程、加工過程、流通や保管においても何をやってもよく、

人の生命や地球の生命よりも、まずはお金が第一。

とはいえ、今の行き過ぎた拝金主義の資本主義経済も長く続くものではなく、もう末期的な状況であり、やがて刷り過ぎた紙幣の価値がなくなる時期が来る可能性があることはお伝えしました。

それに伴って、これまで食の自給をないがしろにしてきた日本は、世界規模の金融危機が発生した場合に海外からの食料供給が途絶え、短期間のうちに食糧難へと陥ってしまいます。

「これから食糧危機がやってくるぞ」

そんな未来予測をする経済アナリストや未来予知をするサイキックの人々も多くいますが、今の日本の食事情を冷静に考察すると、果たしてこれからやってくるのは本当に食糧危機なのでしょうか。

確かにお腹を満たすだけの食べ物は世の中からなくなるかもしれませんが、**これだけ食の汚染が進んでいる今がすでに別の意味での食糧（食料）危機であり、お金で食べ物を買えない時代が来るのは、もしかすると「食糧好機」となるのかもしれません。**

とはいえ、いくら現代の食がからだに悪いといえども、一部の人を除いて完全に不食で生きられるほど今の人類は進化を遂げていないので、やはり食べ物はしばらく先まで必要となります。

今は、見た目だけ食べ物の形をしている「**目にみえる食**」から「**目にみえない食**」に意識を向ける時代。

その時の自分だけがお腹を満たして幸せになれれば良いという我の世界を離れ、生産する人も地球の大地も健康的になって喜び、もちろん食べた人のこころもからだも豊かになるようにするのが、「人」を「良くする」本当の「食」のあり方だと思います。

食糧危機を乗り越え、地球も、食に関わる人も皆豊かになり、安全で美味しい食べ物がお腹も満たしてくれる「食糧好機」を生み出すためには、今の食を消費するだけの生活から、自らの手で生産活動もする自給自足的な生活をするのが理想的です。

それは家庭菜園から農業まで幅広くやり方はありますが、今の時代、いきなり都会や都市生活の中で農家に転身して、農を生業としてやっていくのは簡単なことではありません。

専業農家になろうと思っても、農地もなければ農機具もない、栽培方法もわからなければ、収穫の当てもありません。さらに食べ物が作れれば生きていけるかといえば、まだお金の社会が続く限りは、食べ物以外にも生きていくためのお金が必要であり、食べ物もすべてを個人で自給するには限界があります。

そして地球にも人間にもやさしい食の生産となれば、無農薬・無化学肥料などの自然栽培での農法となりますが、通常であれば自然栽培は労力がかかり、その割に収量も少なく、場合によっては芽も出ず生産に失敗するケースも多々あります。

そう考えると、個人ができる食の生産は、普通に働きながらできる範囲での家庭菜園が一般的となります。

その規模はプランターで野菜を育てることから、庭の一部を畑にしたり、本格的に田畑を借りたりとさまざまですが、**生計を立てるための仕事をやりながらも、こうやって生活の中に少しでも「農」を取り入れた暮らしをすることは「半農半X《エックス》」と呼ばれています。**

「X」は、人それぞれ異なっていて、お金を得る仕事だったり、お金が必要ない人でもライフワークとして取り組んでいることであったりするものです。

個人における半農の基本となる家庭菜園。自給するなら収量をそこそこ望みたいところですが、せっかくならからだに良いものを作りたいので、やはり農薬や化学肥料などの余計な農業資材は入れたくないものです。

そんな中、**今注目されている家庭菜園の強い味方が「あ・うんユニット」という次世代の液肥製造装置です。**

②古代の叡智と現代の叡智を融合させた「あ・うんユニット」

21世紀の地球の救世主となる微生物。微生物といえば〝発酵〟がキーワードです。

最近は健康志向の人を中心に発酵食品がブームとなっていますが、チーズは単発酵、味噌は複発酵、日本酒は並行複発酵、ビールは平均複発酵、白酒は個体発酵というように〝発酵〟には、大きく分けて5つのタイプがあります。

しかし、これらの発酵はあくまでも〝単独〟で行なわれ、連携して進行することはないようです。

これは従来の一般的な発酵法では、微生物の4つのタイプである「好氣性明菌、好氣性暗菌、嫌氣性明菌、嫌氣性暗菌」を共存、共栄、共生させることができないからです。

ところが、その不可能を可能にしたのが環境微生物学博士の高嶋康豪《やすひで》氏。

高嶋博士は、仏教用語の**「変毒為薬《へんどくいやく》」**を微生物を使った科学の力を用いて、とことん実践されている方です。

「変毒為薬」とは「毒を変えて薬と為す」という意味です。

高嶋博士は「毒を薬に、糞を小金に……」というスタンスの科学者で、人間や動物の糞尿だけでなく、工業廃水や放射性物質までをも環境や健康に良い**「エナジー水」**に変えることができます。

また**「〝エントロピー〟から〝エコロジー〟」をキーワードに、今の地下資源の化石燃料に頼った社会システムの時代から宇宙エネルギー（地球外のエネルギー）を利用する時代に移行しつつあることを強く主張しており、今後の100億、180億人ともいわれている人口増加にも対応できる地球環境を作り出そうと考えています。**

今のままの化石燃料に頼った社会システムでは、今後人類が存続するにはどうやっても人口30億人が限界であり、また地球環境が崩壊しかけているので、このままではNASA

が考えているように火星などに人類は移住せざるを得ない状況であるそうです。

それは、今まで地球で当たり前だったニュートンやアインシュタインの運動エネルギーや分裂エネルギーを使った物質的科学の時代の限界を意味しており、これからは、エーテル科学などといった、今のサイエンスの世界では「トンデモ科学」と呼ばれているものを当たり前の科学にしていく必要があるようです。

つまり、今は物質は「固体」「液体」「氣体」の状態しか認められていませんが、これより先に「プラズマ」、さらに「エーテル」といった状態があることを認め、常温の元素転換、あの世（別次元）とこの世を物質が行き来することが証明される科学の時代に切り替える必要があるのです。

旧科学のままでは人類は30億人以下になるか、地球外へと脱出しないといけないのですが、こういった超科学（宇宙科学）を利用すれば、いくらでも人類を養えるだけでなく、地球環境も再生することができるそうです。

そんなことを提唱する環境微生物学の専門家である高嶋博士は、当然ながら「微生物」を用いた科学の超プロフェッショナルであり、好氣性菌と嫌氣性菌の腐敗作用を合成作用へと、環境条件を生体変化させることに成功しました。

この発酵を**「複合発酵」**と呼びます。

複合発酵では、微生物の従来の反応である「分解」ではなく、「合成・融合」という新しい反応が生まれます。

合成作用に生体変化した微生物群は「合成・融合」によって無限の増殖が可能になり、また生活環境の異なる微生物であっても共存、共栄、共生することができるようになるそうです。


この微生物が「スーパー微生物」となる複合発酵の技術を用いた現代版の肥溜め装置が「あ・うんユニット」というトイレの浄化システムです。

トイレの汚水を2つのタンクに流し込み、複合発酵によって1日で「奇跡の水」と呼ばれる酵素水に変化させます。

おまけに複合発酵では完全分解するので汚泥も一切残さず、汲み取りなどのメンテナンスは一切なし。

この酵素水が、なぜ「奇跡の水」と呼ばれるか？

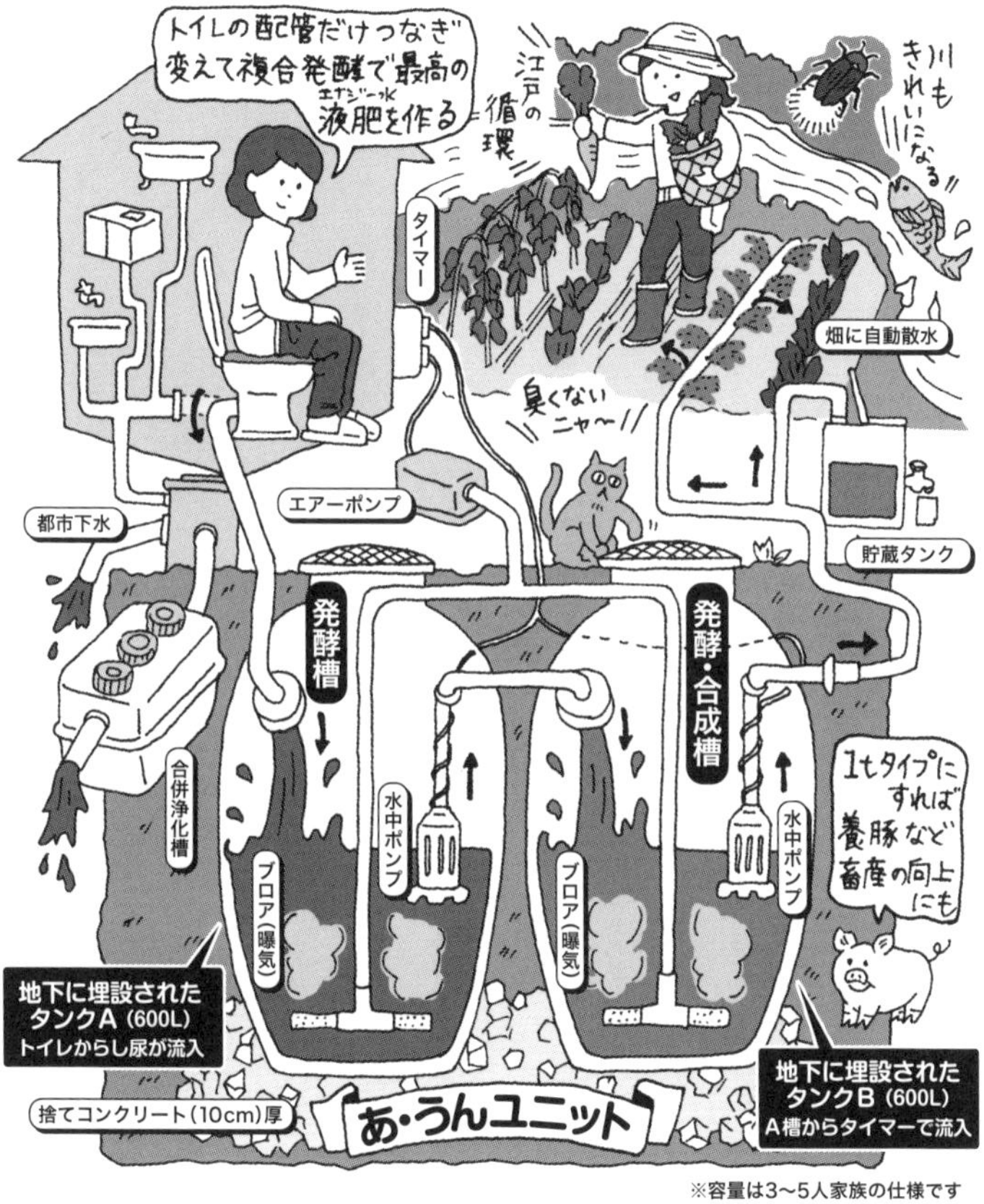

「あ・うんユニット」の仕組み

トイレの排水は、現代の下水システムではただの汚水として薬物で処理されて地球環境を破壊していますが、この「あ・うんユニット」で処理された汚水は、複合発酵によって有害物質が完全に分解されるだけでなく、生命や環境を蘇生させる〝エナジー水〟へと変容してしまいます。

専門的にいえば、生菌数を10の7乗、8乗、9乗……と無限に増やすのと同時に極小化させていき、最終的に結晶化した生命半導体にして、宇宙エネルギーを取り込む水にします。微生物の発酵の力によってマイナスをゼロに戻すだけでなく、マイナスからプラスへと真逆に転換させた水になります。

これはフリーエネルギー発生の創造の原理（中性）を微生物の陰陽エネルギーによって発生させており、これによって物質の常温の元素転換を実現することができます。

そのため、この「奇跡の水」を福島の放射能の汚染地帯で実験的に散布したら、放射能が消えたり、腐敗菌によって悪臭漂う養豚場の匂いが無臭になったり、常識では考えられないような現象が数々起こっています。

今はトイレを使えば使うほど、地球環境は汚染されていく負のサイクルですが、この「あ・うんユニット」でトイレを使えば使うほど、そこで生まれ変わった汚水は「奇跡の水」

となり、地球環境を再生する正のサイクルを家庭から起こせます。

地球環境を良くしようと
外で活動している人は増え始めていますが、
まずはトイレという一番身近なところ（家庭）で
マイナスをプラスへ。

「奇跡の水」を自分の家の敷地に撒けば、そこの土壌は浄化されてイヤシロチ（＝弥盛地。良い土地のこと。悪い土地はケガレチ＝氣枯地と呼ばれる）になり、畑や田んぼに撒けば活性水として作物の生育を大きく促進させ、無農薬・無化学肥料で安全で美味しい家庭菜園ができ、おまけに自分自身や家族の生命情報が入った本当の意味の薬膳野菜を生産することができます。

どんなに農業が盛んな地域の作物よりも、どんな農法を使った作物よりも、最終的には自分の土地で採れた作物が、その人にとっては一番の〝薬草〟であり、それもまた自分の情報の入った〝水〟で微生物が活発化して育つとなれば、医者や薬いらずの最高の特効薬

となります。

こうして自給自足の生活をすれば、食べた作物が再びトイレ（あ・うんユニット）で再処理されてエナジー水に生まれ変わり、それをまた家庭菜園に利用して……と、まさに循環生活が完成します。

さらに、最近は「光合成槽」と呼ばれる地上に置く装置も追加され、地下で複合発酵された酵素水を地上でさらにバイオ加工されたシート膜を通して複合発酵させることができ、ここででき上がった水は、さらなるエナジー水として生活のあらゆる場面で有効利用できます。

エナジー水をお風呂に入れると、脳波がアルファ波どころかシータ波になったり、エナジー水を飲めば、たちまちさまざまな不調が改善されたり、家の壁紙を貼る時の資材や基礎工事などのコンクリートに混ぜ込めば強度が増すだけでなく、エネルギーを放射する壁やコンクリートに変化したり……と、その可能性は無限にあります。

食べ物ができ上がるまでの期間、食べ物の中に入っている栄養や情報など、これまでの目にみえるだけの食への意識から、目にみえない食への意識のシフト。

さらに食べた後の世界のことも配慮することで、人の意識は我の領域を超えて全体（ワンネス）へとステージが変わります。

「半農半X」と「あ・うんユニット」は、これまでの食糧危機を食糧好機へ切り替え、これから必ずやってくるであろう食糧難も乗り越え、新しい時代の自給自足生活を実現するための考え方であり、技術であると思います。

③大麻は人間にとって悪魔の植物となるのか救世主となるのか

新しい時代の始まりである夜明けが目前となった今、これまでの一極集中型の「ピラミッド構造の文明」から、自立した個の集団が横並びでつながる「和の文明」へのシフトが始まります。

幻のような紙幣によって先進国が世界を牽引し、アメリカをはじめとするリーダー国にあらゆる力や利権が集中していた時代から、徐々に各国が自給自足できるような時代になって真の独立が始まり、日本においても、今までは大都市に政治や経済の中心が集中していましたが、これからは地方都市や里山へと人が流出することになり、少しずつ地域ごとの新しい文明社会が生まれてくると思います。

自立した個。

個人にしろ、一国にしろ、それを実現するには人が生きていくのに他人や他国に最低限依存しないですむだけの環境作りが必要であり、食の自給自足をはじめ、少しずつ衣料や住居、エネルギーから医療などの多岐に渡っての自給が求められることになります。

この自給自足の地域をどこでも誰でも簡単に実現できる可能性を秘めているのが、今の社会では〝麻薬〟と位置付けられている「大麻」です。

現在の文明は、目にみえる物質から経済や社会活動まですべてが石油によって成り立っている石油文明であり、もしも石油がなくなったら、原始時代と変わらないような生活になる構造になっています。

そういった意味では、今の便利で快適な生活があるのは「石油様様」でありますが、一方で石油文明にはさまざまな健康被害や環境被害などが無視できないものとしてつきまとってきます。

何かしらの意味があって、太古の昔に時間をかけて地下に眠ることになった資源を掘り出して再び酸素と結びつけることは、再び太古の昔の地球環境に戻す作用となっており、その行く末は人類が地球に誕生する前の地球環境に逆戻りとなってしまいます。

「今だけ自分だけ」と考える人たちにとって石油文明の恩恵は数多くありますが、これから先は「未来の人類のため、地球のため」と考える時代であり、限りある地下資源を使い続け、最終的には人類がいない地球環境へ戻す石油文明からは、もうそろそろ卒業しなければいけません。

ただ、こともあろうに限られた量であり、限定された場所でしか産出しない「有限資源」である石油は、お金の時代にとっては、この上ない金儲けと支配に利用できるツールです。

もしも、どこの地域でも無限に産出できる資源があったら、石油がこれほどまで文明の中心的な資源になることはなかったでしょうが、**この石油と対極にあったのが「無限資源」の地上資源であった大麻なのです。**

衣食住からエネルギーはもちろん、医療だけに限らず、現代技術によって10万種類以上にも製品化ができる大麻は、お金の時代の石油化学文明にとって目の上のたんこぶとなって、20世紀のわずかな期間において完全に人類の歴史上から封印されてしまうことになりました。

世界を牽引するアメリカが１９３７年に大麻に課税する法律を制定したことをきっかけに実質的かつ法的な大麻規制が始まり、日本も戦後、ＧＨＱの策略によって１９４８年に大麻取締法が制定されて、70年近くかけて国民は洗脳され続け、今では日本人の99％以上の人が「大麻＝麻薬」という認識を持つようになりました。

大麻で有名人が捕まるニュースが流れる中、大麻で町おこしのニュースが取り上げられる不思議な現代の日本。

ＴＨＣという薬効成分が入っている大麻は人間に有害な麻薬であり、入っていなければ衣食住にわたって人間に有益な産業用の植物であるとされています。

一方でＣＢＤという薬効成分は人間に有効な特効薬であり、ガンの治療からエイズなどさまざまな病氣に効くということで、海外では「医療用大麻」の解禁が相次いでいます。

麻薬なのに特効薬。これもなんだか矛盾しています。

果たして大麻は人間にとって悪魔の植物となるのか救世主となるのか。

まず、大麻は吸うとハイになるという現象について。お酒も飲み過ぎれば酔っ払ってハイになるどころか、時には急性アルコール中毒で亡くなることもあるので、適量を過ぎれば薬も毒になります。

特にヤミ市場に出回っている大麻（マリファナ）は、ハイになることを目的に品種改良されてＴＨＣ含有量を20％以上濃くするなどして作られているため、野生に生えている日本古来の大麻や産業用の大麻とはまったく別物であります。

日本に自生している大麻草のＴＨＣ含有量は０・１％程度であり、最大でも１・６％とかなり低い含有量とされています。

自然に作られたビールとアルコールが添加されたウォッカ、どっちが悪酔いしてからだにも有害であるかは一目瞭然なのに、大麻と一言でいってもさまざまな品種がある中、すべてがいっしょくたに一括りにされていて、特に日本においては「大麻＝麻薬」が基本的な大麻の位置付けとなっています。

現在は、法律によって所持や実質的な栽培が規制されている大麻ですが、ひと昔前のアメリカにおいては、逆に法律によって栽培しないことが罪とされていた時期もあり、物資不足となった1763年から1767年のヴァージニアなどでは、大麻草を植えないと投獄される事態も発生していたそうです。

アメリカの大麻の歴史は、独立国家となる前の今から400年近く前まで遡り、1631年から1800年代前半まで、農民に大麻草を栽培させるために、大麻草は貨幣と同等の扱いがされていて、大麻草で税金を支払うこともできたようです。

大麻の需要はアメリカ合衆国となってからも年々高まり、1930年には404万6856平方メートルの栽培面積だったのが、1937年には5億6655万9890平方メートルの栽培面積と、わずか7年で140倍までに増加し、その勢いは止まることなく、1937年に規制が入らなければ、近い将来にはアメリカでは最大の生産量を誇る作物となるはずでした。

また、１９３０年代まで大麻の人体への医療利用は合法とされており、大麻は20世紀に入るまでの３０００年間、世界の３分の２の地域で医薬品として珍重されてきた薬草（ハーブ）でもあります。

つまり、この１００年以内の人類だけが**「大麻＝麻薬＝危険なもの」**という認識を持っており、歴史的にみれば、１万年以上も前から大麻は生活の中でさまざまに活用されているため、過去の人類がタイムスリップして今の大麻の社会的な立ち位置を見たら、なんとも滑稽というか不思議に思うことでしょう。

そして、**おそらく近未来をはじめ、遠い未来の人類から見ても「大麻が20世紀から21世紀のわずかな期間だけ麻薬と扱われる珍事があった」と不思議に思われるかもしれません。**

世界有数の大麻王国だったアメリカも一時は完全に大麻が封印されそうになりましたが、近年になって一氣に医療用大麻をはじめとして麻開きの流れが始まっています。

縄文初期より１万年以上も続いていた日本の大麻文化は、戦後、ＧＨＱによって完全に解体・封印されてしまい、現代に比べて人口も少ない戦後まもなくでさえ4万人も大麻栽培の従事者がいたのに、現代においては50人前後しか大麻を栽培している人はいません。

石油製品の台頭によって、日本においても大麻の必要性（需要）が大幅に減り、栽培するメリットをなくして生産者の縮小が画策され、新規で栽培することに関しては完全免許制にして**〝実質栽培不可能〟**の仕組みを作ってきました。

それでも50人残っているのが奇跡的な状況ですが、実際には古来、伝統的に大麻栽培をしていた栃木県の農家が30人前後も占めているので、その他の都道府県で合わせても20人程度、ほとんどの地域に栽培者が1人もいないという壊滅的な状況となっています。

「どうやったら大麻の栽培ができるのか？」

近年は大麻の真実が広く知られるようにもなり、このままではいけない、何かしたいと思っている人たちの中では「大麻栽培」が大きな希望のひとつとなっていますが、今のところ個人であろうと団体であろうと、新規に栽培免許を取得するのは極めて困難な状況であります。

とはいえ、基本的には国民の誰にでも大麻栽培をする資格は与えられており、本来であれば申請さえすれば誰にでも免許は交付されるものでありますが、逆に言えば「１人にでも栽培許可を出してしまうと、その他の国民誰にでも簡単に許可しなければならない」ので、法律にはない、いい加減な理由によって免許発行を停止しています。

「過去に伝統的に大麻が栽培されていたり、大麻による産業があった場所でない」
「石油で代用できる製品であれば、わざわざ麻薬成分のある大麻を使う必要がない」

主に前記のような、免許発行ができない理由を押しつけており、誰には出せて誰には出せないというように人で差別を付けられないため、地域によって差別して、99％以上は許可されずに新規参入できないような仕組みを作っています。

ただ、ここ数年においては個人や民間団体だけでなく、各地方の市町村などの自治体が大麻に関心を示し始め、２０１３年には鳥取、２０１４年には北海道において町長のバックアップのもと、新規に栽培免許の取得を実現しています。

今は自治体が動くことによって、大麻栽培免許が獲得できる可能性は大幅に高くなっておりますので、もし自分の地元やどこかに大麻栽培をしたい地域があるのであれば、その場所の自治体を動かす、市長や町長に動いてもらうことが、短期間に確実に免許を取れるポイントになると思います。

特に過去に大麻栽培が盛んだった地域、大麻を使った産業や文化が盛んだった地域においては有利なので、まずは自分の地元の歴史を調べ、自治体の意向を確認しながら、上手く全国各地の麻開きを成功させてほしいと思います。

大麻は今の地球と日本にとっては、もっとも必要とされる植物のひとつです。

わずか3カ月で3〜5メートルにも急成長する大麻は、地中に深く広く根を張り巡らせ、重金属を含めた有害物質を吸い上げては原子転換してクリーニングしてしまい、また地上に出た葉は二酸化炭素を大量に吸い上げて酸素を吐き出し、空氣もクリーニングしてしまいます。

つまり大麻は土壌改良材でもあり空氣清浄機でもあり、栽培しているだけでその場の環境がイヤシロチになるので、これだけ土壌も大氣も汚染された現代社会においては、人間にとっても地球にとっても必要不可欠な存在です。

これに加えて、収穫後の大麻は10万種類以上の製品の原料として活用することができ、衣食住、医療やエネルギーまでオールジャンルに役立ち、特にエネルギーにおいては、石油を中心とした地下資源の搾取に終止符を打つことができます。

大麻栽培を禁止する理由としては、先ほどの事例のように「大麻で製品を作らずとも石油ですべて代用できる」と言われるケースが多いようですが、今の世の中では、もっとも必要なのが「石油で代用できるもの」であり、真実を知っている人と知らない人の間では、物事の見解が１８０度違うという不思議な世の中になっています。

地球環境を元通りに取り戻すため、
地球を長く維持するために大麻は必須のアイテムでもあり、
また日本という国が衣食住、
医療からエネルギーまで自給自足し、
自立するためにも必要不可欠な存在であります。

④日本版キブツを全国に

「イスラエル」と聞くと、みなさんはどういった印象を思い浮かべますか。
日本人のイメージだと「戦争」「物騒な国」というネガティブなイメージばかりが湧き起こると思います。

確かにそれらのイメージもイスラエルを象徴するひとつの側面であるのは間違いありま

せんが、石油に依存させられている日本は、アラブ諸国から嫌われないためにも必死にイスラエルの悪い面しか情報が流せず、イスラエルの良い面、学ぶべきことなどに関しては一切情報が入ってこないように努めています。

イスラエルには軍事力だけでなく、他国に自慢できるほどの多様な技術や文化があり、その中でも特徴的なものに**「キブツ」**という存在があります。

「ＫＩＢＢＵＴＺ（キブツ）」とはヘブライ語で「集団・集合」を意味する言葉であり、イスラエルで生まれた相互扶助と平等主義に基づく「共同体（コミュニティ）」のことです。

共同体、もしくは〝共同村〟といっても良いのかもしれませんが、イスラエルのキブツという共同村の歴史は、１９０９年帝政ロシアの迫害を逃れた若いユダヤ人男女の一群が、パレスチナに帰って最初のキブツ・デガニアをガリラヤ湖畔に作ったところからスタートしました。

彼らは、自分たちの国家建設の夢を実現させようと願って、**生産的自力労働、集団責任、身分の平等、機会均等という４大原則に基づく共同体**を建設しようとガリラヤ湖畔で集団生活を始めたのです。

その第一歩として彼らは農地を買い、風土病（マラリヤ）などとも戦いながら、ユーカリの木を植え、湿地帯を開墾し、血のにじむような努力の中で生活をしてキブツを発展させてきました。

やがて、ヨーロッパ諸国、イラク、北アフリカ、エジプト、南米からの新帰還者を加え、また苦しい労働と共同の努力が実を結び、キブツ運動も次第に大きくなり数も増えてきて、現在は国境地域を中心に約２７０のキブツが存在し、それぞれのキブツの構成員は１００～１０００人、総勢15万人以上とイスラエルの総人口の約２％を占めているといわれています。

どのキブツも果樹園、綿畑、小麦畑などの広大な農場に囲まれていて、その中の一角に生活区域があります。

生活区域には、食堂を中心に郵便局、学校（大きな規模のキブツには小・中・高が揃っている）、子どもの家、図書館、売店、洗濯室、プールやテニスコートなどのスポーツ施設から映画館などの娯楽施設、そして医療施設など日常生活に欠かせない施設と住宅が集まっており、キブツの人々は全員、そこに住み、そこで労働し、そこの施設を利用して暮らしています。

農地開拓から始まったキブツのメインの産業は農場生産であり、酪農、養鶏、柑橘類栽培、バナナ園、養魚場、小麦、綿の栽培など多岐に渡っていますが、その農場生産技術は国際的にも最高の水準を保ち、**人口の約2%を占めるに過ぎないキブツが、イスラエルの農産物の実に40%を生み出しています。**

これら農場生産部門に加え、多くのキブツでは、電子機器、家具、プラスチック製品、農業機械、灌漑用設備など多種多様な製品を作る工場、観光施設なども経営しています。

キブツでの生活は、一般社会のように個人や家族が生活の単位ではなく、キブツメンバー全員が大家族として暮らしており、所有も生産も消費も、そして生活の一部も共同化されています。

共同化されているというのは、食事でいえばキブツの食堂で朝食、昼食、夕食が用意されており、共同住宅のため家賃や電氣・ガス・水道代などもすべて無料、衣食住を中心と

した生きていくために必要なものには一切お金がかからないということであり、病氣をしても医療費は無料であり、病氣で働けない間の生活の心配もありませんし、子どもが生まれても保育費や教育費もすべて無料です。

また各種施設を利用することだけでなく、生活用品からタバコなどの嗜好品でさえも無料であり、さらにキブツ総会の承認を得れば、旅行に行く時は旅費が支給され、他にも毎月わずかではあるもののお小遣いも支給されるようです。

一方でどんな立派な職業であろうが、
また重労働や軽作業であろうが、
収入はキブツで共有されるので、
貧乏人もいなければ大金持ちもいない社会となります。

キブツでの1日は早朝から始まり、それぞれの仕事によって始業時間は異なりますが、普通は6時から7時には現場に集合し、労働が開始されます。

労働開始後、1時間から2時間後に大食堂で朝食をとり、その後、昼食をはさんで13時

〜15時頃までに仕事は終わります。一部の工場などでは、午後や夕方から始まるような仕事もあるようです。

仕事が終われば、各自の自由時間であり、スポーツ（水泳、バスケット、テニスなど）を楽しむ人、昼寝をする人、家庭でくつろぐ人などさまざまなようです。

イスラエルの人々は夫婦ともに子育てにも熱心であり、日本とは違って夜遅くまで仕事をして深夜まで酒を飲んで帰ってくるような父親もおらず、夕方には帰宅して子どもと一緒の時間を過ごすことが多いようです。

このキブツを中心に「国土の60％が砂漠」の地にて、イスラエルという国は砂漠を緑に変えて果樹栽培や農作物を育て、自給自足できる共同体を生み出すことに成功しています。

イスラエルの雨季は11月から4月までの期間しかなく、その降雨量も北部で平均700ミリ、南部では50ミリ以下と非常に少なくなっています。ちなみに日本の年間降水量は約1700ミリです。

この数値だけを見れば、どう考えてもイスラエルには水がなく、当然ながら水がなければ作物も育たないので、イスラエルで農業をやることは非常に困難であり、食料自給率も低く、多くの食料を海外から輸入しているように思われるかもしれません。

ところが矛盾するようですが、イスラエルは砂漠の国でありながらも実は世界有数の農業立国でもあり、食料自給率は１００％に近く、自国で自給するだけでなくヨーロッパを中心に多くの農産物を世界中に輸出しています。

そのイスラエルの農産物（加工品を含む）の輸出額は２５４１億円（２００７年）であり、これは日本の農産物輸出額の約３分の１でありますが、人口約８３０万人のイスラエルは四国より少し大きい程度の国土で、農業従事者の数も日本の40分の１未満です。

水が豊富で豊かな土壌に恵まれた日本とは異なり、イスラエルは国土の60％が乾燥地帯に属し、水資源に乏しい国であるのにもかかわらず、農産物に関しては日本の50倍もの生産性を持っているともいわれています。

「国土が小さく、雨の少ない国で、どうやって農産物を自給する、それどころか輸出までが可能となったのか？」

そんな疑問が生じるかもしれませんが、こういった過酷な条件下であるからこそ、ユダヤ人は一生懸命考えて知恵を使い、短期間のうちに血のにじむような努力によって不可能を可能へと変えてきました。

この砂漠の国を緑の国に変えた奇跡の技術のひとつに、キブツが開発した「点滴灌漑《てんてきかんがい》」というものがあります。

点滴灌漑とは、文字通り人間が病院で受ける点滴と同じように、植物にも1滴ずつ水を与える農業における栽培方法であり、イスラエルでは、その水を国土の至るところの地下水を汲み上げて活用しています。

点滴灌漑技術が発明された当時、その目的は水の節約でしたが、この技術のメリットは、実際はそれだけではなく、ゆっくりと1滴ずつ灌水することで、植物の根に必要な酸素が土の中に保たれ、根の活動が活発になることもわかってきました。

点滴灌漑栽培は、節水と収穫量の増加と品質の向上を実現しただけでなく、畑に無駄な肥料を撒くこともなくなるので、経済的であると同時に環境にやさしい技術でもあります。

かつて、日本の農業事情を良く知るユダヤ人は「**まったく同じ氣候条件なら、水なら100分の1、肥料なら10分の1のコストで日本と同じ収量を生産する自信はあるよ**」と答えたそうですが、過酷な条件下でも他国にひけをとらない農産業を生み出すために徹底的に研究と努力を重ねたイスラエルは、ＩＴやバイオ技術を駆使して農業を自動化・省力化する技術も発達させました。

世界最先端のコンピューター技術によって、点滴灌漑もコンピューター管理によるシステム化を実現し、制御された水の流れを直接植物の根のある部分に向けたり、コンピューター制御で水を撒く時間帯や、液体肥料を水に混合して流す割合なども操作できるようにしたそうです。

ユダヤ人の知恵と努力、そして農家と研究機関との密接な協力関係ができ上がったイスラエルでは、狭い土地、少ない水、少ない肥料でも植物が成育できるように、灌漑設備や水の再利用、そして、それらをハイテク技術で管理し、すべて一貫した農業事業システムになっていて無駄がなく、砂漠を緑に変えて農作物を輸出品にまでしています。

その品質は世界一厳しいドイツの残留農薬基準も技術力でクリアしており、まさにイスラエルは農業においては世界最先端の先進国であり、他の砂漠化や飢餓民の問題で苦しむ地域でもモデルとすべき国家であります。

砂漠の厳しい環境下でも食料自給率は100%に近く、原発もないイスラエル。
一方で水と豊かな土壌に恵まれているはずの日本の食料自給率は30%台にまで低下し、私たちが住む周囲は原発に囲まれています。

「イスラエルは危険で貧しい国だ」と思っている日本人も多いかもしれませんが、果たしてどちらが本当に豊かで安全な国なのでしょうか。

砂漠を緑に変えて地球を破壊から再生・維持する技術は、まさに人間が地球人として地球に存在するうえでもっとも大切な部分であり、これから先に急ピッチで地球再生を行なう必要がある我々人類が、ユダヤ人、イスラエルから学ぶことはたくさんありそうです。

いずれにしても、これだけ過酷な条件下でも自給自足を実現できている国が存在しているので、日本の自給率を100%以上にするのはそんなに難しくはないでしょうし、日本人が本氣を出せば急速にそれは実現すると思います。

いよいよカミのメッキが剥がれて本当の姿に人々が氣づく時代となってきました。

もともと「金（ゴールド）」の裏付けがあっての紙幣の価値でしたが、今は金の量とは関係なしに紙幣だけを無尽蔵に刷ってしまい、世の中に出回っている紙幣の量と金の量を相対的に考えると、もはや紙幣は紙クズといってもおかしくはないほど価値がないのが実情となっています。

このつじつまの合わない金融社会の嘘に国家単位で多くの人々が氣づき始め、どこかのタイミングで世界中の人たちがお金の価値について「幻だった」と認識すると、その瞬間から、昨日まで当たり前に使えていたお金が一切使えない世の中がやってきます。

「お金の切れ目が縁の切れ目」とお伝えしたとおり、国民レベルでは、善意を持った人々が少なからずいるかもしれませんが、国家レベルとなると話は別であります。

自国民を飢えさせないのは当然、暴動やクーデターを恐れて、他国のこと云々よりも自国の対応に精一杯となる国がほとんどかもしれません。

そこから先は、食料を自給できない国家には「同じ国民同士による食料争奪戦」という悲惨な未来が待ち受けています。

それを未然に防ぐための**「転ばぬ先の杖」**の準備が必要であり、そのひとつの活動としてイスラエルのように**「農村コミュニティ」**を日本でも普及させていくことが有効でしょう。

ただ、日本にイスラエルのキブツの構想を持ち込んでも、運営はかなり難しいものとなりそうです。

なぜなら、ユダヤ人が仲間を家族と思い、協力し合えるのは民族としての**「絆」**を強く持っているからであり、その核心にはユダヤ教（『旧約聖書』）の信仰があるからです。

そのため、日本では日本人にあった**「絆」**のつなぎ方が必要となります。

では基本的には無宗教というか、多神教の文化が根付いている日本において、人々の**「絆」**をつなぐものはなんでしょうか。

これは民族や宗教を超えた
大自然や宇宙への畏敬の想いしかなく、
地球人として本当の役割に共に従事することを
皆が理念とするのが一番であります。

自然の循環の中では人も生きているようで実は生かされています。それでは人間はなぜ生命体として最後に地球で「作られた」のか。

〝ある〟ものは誰かが〝生産した〟ものであり、人間もまた必要だから作られた大切な仕組み（プログラム）なのです。

その中でも自然の音を美しいと聴き、縄文時代をはじめ江戸時代に至るまで自然の循環を大切にしてきた民族だからこそ、より大きな視点を持って次世代の地球人リーダーとして、新しい価値観や人類のあり方を世界へ発信することができると思います。

そして、**「コミュニティや村社会に所属するメンバーは皆家族」**という概念は、日本では非常にデリケートな問題となってきます。

まだまだ資本主義社会の影響が根強く、先進国としての文化や価値観が染み付いている日本と日本人の世界の中では、表向きの活動組織がどういったものであるかが重要です。潜在的な理念として地球人としての役割をまっとうすることを目的としても、結局のところ、人が集まってきて組織になるとすぐに**「宗教」**として誤解されてしまったり、また理念の下に集まってくる人々も、どこか誰かや神にすがりたい、依存したい人々ばかりとなってしまいます。

これからの時代、物質的なことと非物質的なことの両方のバランスを取ることが大事であり、スピリチュアルな意識も大事ですが、何よりも地球にいる限りは根を下ろして地に足をつけることが必要です。

そういった背景からも、日本でのキブツ構想には、法人組織、企業コミュニティが今の段階では理想的であると思っています。

かつて、古代日本においては村が家族であり、自分のものや誰かのものという概念も薄くワンネスの精神に満ち溢れていました。

しかし分離の時代が長い間続く中、家族という形態も血にこだわるようになり、民族同士の争いから地球人同士の争いにまで発展しました。また家族のあり方も変化し、村全体が家族という意識から、近所の地域だけの結びつきとなり、やがて血族でまとまった家族も拡大家族から核家族となり、現代はもはや血のつながりのある親子が殺し合い、共働きによって子どもとの分離、絆の弱まりも最たるものとなりました。

そして、この資本主義社会の中における〝所属〟は、大昔のように地域の村ではなく、ほとんどの人はどこかの会社が自分の〝所属〟となっています。

会社が現代のお金の社会における、人々の生きていくためのコミュニティの代わりの機能の一部を果たしています。

これから先、大企業から中小零細企業に至るまで、いろんな形で法人が農業や食の生産を行ない、そこで働く（生きる）人々の命を守る活動が進んでいけばと思います。

グループ企業や子会社に農業生産法人を作る、農業事業部を作る、農業担当者を作る、規模や形態はさまざまでも、やがてお金で給料が払えない事態が起こった場合でも、**食料を提供できる会社が日本中にあれば、日本国民が総飢餓という最悪の事態は避けられると思います。**

そして、法人共同体の中において、社員とその家族が生きていくための食料や住居、生活用品全般を会社が事業の中で生み出し、可能な限り自給によって全員が生きていくための生活保障をし、その上で生産物やサービスとして余った部分を共同体外に放出してお金を稼ぎ、自力で補えない部分に関しては、会社がお金を利用して外部からモノやサービスを仕入れて補っていけば良いのだと思います。

さらに理想をいえば、さまざまな特性を持った共同体が複数できることで、お互いの共同体同士が欠けている部分で助け合い、食料生産が得意な共同体（会社）は食料を提供し、家作りが得意な共同体（会社）は家を提供し、さらに大きなグループ共同体として完全な循環社会を継続できれば良いと思います。

生きるために働くという呪縛から解き放たれた人間は、堕落して楽をして生きようとはせず、むしろ人間にとっての本当の喜びや幸せを追い求め、その中で最初に自分が本当に好きなこと、魂が心底喜ぶことを誰に頼まれもせず、命令されずにやろうとします。

お米を作るのが好きな人はお米を作り、野菜を作るのが好きな人は野菜を作り、料理が好きな人は料理を、子どもの面倒を見るのが好きな人は子どもを、お年寄りの介護が好きな人はお年寄りを、面倒を見る人も面倒を見られる人も一人一人が役割を持って、さらに得意分野を一人一品持ち寄ることで助け合う理想的な循環社会がその中で実現されます。

自分が好きなことをやって、それが人に喜ばれることほど人間にとって至福の体験はありません。

そこで自分自身がこの世界に存在している意義を実感します。

文明の発達とともに、古代の人々にはできなかったことができるようになった現代人ですが、一方で昔の人々にはできていたことができなくなっているのも事実です。

古代の人々は自然の生態系のバランスをとり、自然との共存や人々同士の交流の中で循環社会を作り上げて継続していました。

昔の人たちにできていたことは今でもできるはずであり、今の文明社会と古代の意識を融合させた新時代をこれから先、切り拓いていくことが人類には求められていると思います。

第4章

「楽しい」「ワクワク」が新しい時代の道標

対談

滝沢泰平

×

鳴海周平

「祈りの旅」がひも解く新しい時代

鳴海　第3章で泰平さんが紹介している「半農半X」や「あ・うんユニット」「大麻」「キブツ」などは、新しい時代を迎える地球にとって、とても大切なキーワードになると思います。

そうした「目にみえるもの」と対を成すのが「目にみえない世界」。昨年の夏至からスタートした「祈りの旅」は「目にみえない世界」に働きかける一環です。

滝沢　目にみえない世界は、目にみえる世界の「半歩先」を行っているといわれますから、地球の未来図を思い描いて歩く「祈りの旅」には、とても大きな意味があると思います。

元高野僧の長典男さんと、高麗加緒里さん、鳴海さんと僕の4人が、訪れた旅先で、それぞれの役割を淡々とこなしている感じですよね。

鳴海　訪れた場所の「癒し」と「調整」をエネルギー的な面から行なうのが「祈りの旅」の大きな目的ですが、自分の場合は、これまで携わってきたヒーリングの要領で、ただひたすらその場所にエネルギーを送っていきます。

すると、人にヒーリングをしている時と同じように、そこが明るくなったり、軽くなったりするんですね。場所によっては、八芒星《はちぼうせい》などのマークが出てくる場合もあります。こうした「サイン」が出ると、「あ、ここでの自分の役割は完了かな」と捉えているんです。

滝沢　長典男さんは、パートナーの高麗加緒里さんが巫女《みこ》役となって受け取った情報を、審神者《さにわ》となって解読してくれるので、いま、その場でどんな変化が起きているのかがよくわかりますよね。

鳴海　長さんは、審神者をしながら、主に密教の印と真言を用いたおさめ方をしますね。それぞれのメンバーが働きかけている層を大きな観点から眺めて「自分はエネルギーの表層的な部分、中間の層は鳴海さん、土台に近い層は加緒里さん」と教えてくれたことがあります。泰平さんは、指揮者のように「全体を統轄する役」だそうです。

長さんのみたビジョンによると、過去生では、長さんと私がライバル同士の陰陽師で、加緒里さんが中間派の陰陽師、泰平さんは朝廷側の公家さんだったそうですから、異なる派の陰陽師を、公家の泰平さんが率いているイメージにも重なりますね。

　水戸黄門にたとえると、泰平さんが黄門様で、私と長さんが助さん、格さん。加緒里さんが、由美かおる（笑）。


滝沢　わかりやすいような、わかりにくいような……（笑）。

　でも、過去生で異なる立場にあった者同士が、時代を超えて手を携えているのは、「ひな形」という観点から捉えても、大切な意味を持っているように思います。

「祈りの旅」は、「融合・統合・調和」のひな形づくりでもあるのでしょうね。


鳴海　確かに、多い時は1カ月のうち20日間も一緒にいるのに、一度もケンカをしたことがありませんね。これも「スイーツ男子」という共通点のおかげかな（笑）。

　スイーツといえば、「場」のエネルギーも、ミルフィーユのような多層構造になっていると思うんです。

　祈りを捧げるというのは、そのどこかの層に働きかけるということ。

　人それぞれに、ご縁の深い「エネルギーの層」があって、その層に何らかの変化を起こしているとも考えられます。

滝沢　長さん曰く「このメンバーで祈りを捧げると、良い化学反応が起こりやすい」そうです。きっと、それぞれとご縁のある「エネルギーの層」が、絶妙なバランスなのでしょうね。

古来、さまざまな場所で、いろいろな人たちが捧げてきた祈りもまた、それぞれにご縁がある「エネルギーの層」へ働きかけてきたと考えられます。

目にみえる世界で、ここ数年続いている地球規模の変化は、こうした目にみえない世界の化学反応とも大きく関係しているのかもしれませんね。

鳴海　場の癒し、調整とともに大切なのが、その地域にご縁のある方々のエネルギーだと思うんです。

訪れた場所で必ず講演会を行なっているのも、同じ空間で想いを共有してもらうことで、祈りを捧げた「場」のエネルギーと、その地域に暮らす「人」のエネルギーという「車の両輪」が調うイメージが最初にあったからでした。

滝沢　講演会に足を運んでいただいたり、ご縁のある場所で祈りを捧げたりしていただくのも、「新しい時代」を迎えるために、一人一人ができることなのかもしれません。

元高野僧の長典男さん。「祈りの旅」においては、審神者、みえないものをみる達人として、主に密教の印や真言を用いた方法で、目にみえない世界に働きかけています。

「祈りの旅」の由美かおること、高麗加緒里さん。「祈りの旅」においては、紅一点の巫女として、さまざまな存在からのメッセージを受け取る役を担っています。

自然界の摂理は「神」そのもの

滝沢　「祈りの旅」では、各地でいろいろな氣づきをいただきますが、昨年7月に訪れた鳥海山もまた、とても貴重な体験でした。

大物忌神社という出羽国一宮へお参りした時に、なんと表現したらよいのかわからないのですが、とにかく不思議な感覚になったんです。そうしたら、鳴海さんも長さんも「あれ？　ここ、全然反応がないね……」と。

鳴海　そうそう、長さんは「何のメッセージも感じない」と言うし、自分も何のビジョンも浮かんでこない。そんなことはめったにないので、あの時はお互い顔を見合わせながら「……?・」という感じでしたね（笑）。

ただ、ずーっと奥のほうに、鳥海山にある一ノ滝、二ノ滝のイメージがあったんです。そこから「社の背景にあるもの（＝本質）は何か?・」ということを問われているような感覚がありました。

滝沢　人間はどうしても、お社のような「目にみえるもの」に意識を向けてしまいがちですが、あれは本来、人間が造った「建物」であって、祈りの対象ではないんですよね。

「社の背景にあるもの」とは、本来の「祈りの対象となるべきもの」で、神社のお社だけに意識が向いていては本質に氣づけない、というメッセージだったように思います。
長さんが以前、「神社のお社は、もともと食料貯蔵庫だった」ということを教えてくれましたが、祈りの対象は、私たちを生かしてくれている自然界そのものだ、ということなんでしょうね。

鳴海　泰平さんも本書で述べているように、古代の人たちにとって生きることは、食べものを生産することであって、そのために必要な自然環境こそが「神」そのものだったといえます。作物を育てる豊かな土壌の源は、山から運ばれ、動植物を介してまた土に還っていく。さらに、その栄養素や情報を運ぶ水もまた雲や雨となって地球を循環する……。
鳥海山が教えてくれたのは、そうした本質をわかったうえで捧げる祈りは、より多くのエネルギー層に想いを届けることができる、ということでもあったのではないでしょうか。

滝沢　自然界を構成するありとあらゆるものを「八百万《やおよろず》の神々」とし、信仰の対象にしてきた日本人の考え方そのものですね。古くから「神道には教えがない」といわれてきたのも納得です。

鳴海 そもそも「神道」という名前すらなくて、仏教が日本に入ってきた時、違いを表現するために「とりあえず、神道って名前にしとこうか」といった感じで名づけられたとか。いい感じのゆるさですよね（笑）。

自然そのものが神であるなら、人間が頭で考えるような「こだわり」は少ないほうがいいのかもしれません。

滝沢 第3章で「キブツ」というイスラエルの農村コミュニティを紹介しましたが、ユダヤ教（『旧約聖書』）の信仰を土台にし、民族としての絆を強く持つ現在のスタイルだと、日本人には「こだわり」が多いように感じてしまうのではないかと思います。

縄文や江戸時代に代表されるような「自然

大きな氣づきをいただいた、山形県と秋田県に跨がる鳥海山。

の循環を大事にする文化」「自然界への畏敬の想い」といった、宗教の枠にも「こだわらない」日本人ならではの発想は、「キブツ」がより普遍的なものになって、新しい時代の礎となっていく可能性を高めてくれるのではないでしょうか。

過渡期に必要なのは、心身の「波動」を高めること

滝沢　2014年に初めてイスラエルへ行った時、想像していたよりも食文化が豊富で驚きました。ホテルのバイキングでは、国土の60%が砂漠地帯とはとても思えないほど、新鮮な野菜がたくさんで、しかも、無農薬、無化学肥料の自然栽培ものが多いんです。おかげで、イスラエル滞在中は八ヶ岳にいる時と同じような体調の良さで過ごせました。

鳴海　イスラエルというと砂漠地帯のイメージがあったので、泰平さんからこの話を聞いた時は、とても意外に思いました。食べる人も作る人も元氣になって、地球にもやさしい農業。日本も見習いたいところがたくさんありますね。

滝沢　ダイレクトにからだの基となる「食」について、日本人はもっと真剣に向き合っていく必要があるように思いました。私たちの健康ばかりでなく、地球の健康も考えた農業は「新しい時代」を迎えるうえで、とても大切なことだと思います。

鳴海　泰平さんもご存知の、物体などが心身に与える影響を数値で表す「波動測定」という技術があります。この技術の第一人者といわれている山梨浩利先生によると、「自然の摂理に近いものほど、心身に馴染み、良い影響を与えてくれる」のだそうです。

身近なところで穫れた旬の食べ物や、自然栽培で育てた作物は波動数値が高く（＝自然の摂理に近く、心身が喜ぶ）、加工食品のように人の手を加え過ぎたもの、添加物の多いものは波動数値が低い（＝自然の摂理から遠く、心身が拒絶する）という結果が出ています。

これは「食」に限らず、私たちにもっとも身近な「衣」と「住」にも共通していえることのようです。

滝沢　精神世界における先駆者たちの多くは「新しい時代＝波動が高い」と認識しています。これは、山梨先生のおっしゃる「自然の摂理に近い状態」ですね。

現在は、新しい時代へ向けた過渡期の真っ只中だと思いますが、波動値のギャップが大きければ、それだけ移行にも無理がかかってしまいそうです。

「衣・食・住」のように、一番身近なところから、一人一人が波動の高い（＝自然の摂理に近い）状態になることを心がけることも大切なのではないでしょうか。

鳴海　「波動を高める食」については、拙著（『「小食・不食・快食」の時代へ』〈ワニ・プラス刊、はせくらみゆき氏との共著〉をご参照いただくとして（笑）、「衣」と「住」についても、やはり「自然の摂理に近いもの」が波動を高めてくれるでしょうね。

滝沢　「衣」といえば、タイのチェンマイに在住している、さとううさぶろうさんが作った「うさと服」があります。

うさぶろうさんは、もともとオートクチュールのデザイナーとしてヨーロッパを中心に活躍

山梨浩利先生の波動測定技術は、滝沢泰平が代表を務める「やつは」、鳴海周平が代表を務める「エヌ・ピュア」の商品開発にも活用されています。

していた方ですが、1991年に突然「啓示」を受けたことがきっかけで、麻や綿、絹といった自然素材だけにこだわった衣服を製作しています。

寸法には数霊を、デザインにも円、輪などを用いて自然界、宇宙を表現するなど、着ているだけで波動の高まっていくことがわかる素晴らしい衣服です。

鳴海　「うさと服」は、ちょっと触れただけでも、波動の高いことがわかります。

うさぶろうさんと「祈りの旅」をご一緒させていただくたびに、いろいろと面白い現象が起きるのも、自然界の摂理に適った生き方をなさっているからなんでしょうね。

摩周湖で龍と蛇の雲があらわれた時（70〜71ページ）も、うさぶろうさんが一緒でした。

滝沢　実は、僕が「目にみえない世界」を身近に感じられるようになったきっかけは、うさぶろうさんなんです。2013年に初めて京都で会った時、早朝の神社参りへ誘っていただきました。その時、僕が「ここだけは行きたい」と思っていた神社が、いきなり、うさぶろうさんの口から出てきたので、とても驚いたんです。

それは「下鴨神社」で、京都に旅立つ前にある方から「あなたとは特別に縁が深い場所だから、必ずお参りしてくるように」と言われていた場所だったんですね。下鴨神社には、いわゆる「異次元世界への入り口」があって、そこの結界を解くための方法も教えられていました。

のちに、鳴海さんが2012年にアースヒーラーとしてのご宣託を受けた場所でもあることを知って、「あー、鳴海さんとも、やっぱりただならぬご縁なんだ」と思いました。

鳴海　今さらながらですが、下鴨神社って、そういう場所だったんですね（笑）。

滝沢　「うさと」の想いは、みんながその服を着て、新しい未来、新しい宇宙をみんなで創ることをイメージしているそうです。

鳴海　「自然界の摂理」は宇宙の法則でもありますから、そうしたことを意識して作られている「うさと服」が、心身の波動を高めてくれることも納得ですね。

一人一人ができることで「新しい時代のひな形」を

鳴海　「住」という観点からは、泰平さんのドームハウスがまさに高波動ですよね。

第1章でも述べましたが、五角形と六角形という組み合わせは、地球の地殻構成でもあり、自然界の摂理そのものです。

滝沢　五角形と六角形を組み合わせてできるドームハウスは、氣象変化や災害にも強い構造であるとともに、球体という「意識の変容」を促す神聖幾何学の形でもあるんです。

材料には近郊の木材や、化学物質を使用しないヘンプ（大麻）の建材を使い、自然の摂理になるべく近い家を目指しました。

鳴海　それに、生活水は井戸水だし、燃料は薪ですよね。泰平さんが本書で紹介している「あ・うんユニット」も導入されていて、地球にかける負担が驚くほど少ない。まさに、住んでいるだけで、人も地球も元氣になる「新しい時代を象徴する住の形」のひとつだと思います。

八ヶ岳のドームハウス。五角形と六角形の組み合わせは、氣象変化や災害にも強く「意識の変容」を促す神聖幾何学の形でもあります。

滝沢　これまで「家を建てる」という行為は、地球に相当な負担をかけてきたと思うんです。新しい時代は、「波動が高い＝自然の摂理に適っている」つまり「地球にやさしい技術」が大切になってくるのではないでしょうか。

鳴海　エネルギー効率がよく、環境にもやさしいドームハウスのような「住」の普及は、間違いなく必要でしょうね。

第3章で泰平さんが紹介してくれた「大麻」も、大地の波動を高め、地球環境を元に戻していくうえで必須のアイテムだと思います。

滝沢　地球という星の自然環境バランスを保つことは、人間が生命体として最後に作られた理由でもあるでしょう。

人類が、地球や他の生命体にとって「有用な存在」と思われるような技術が、どんどん開発、普及されていくことが大切ですね。

鳴海　すぐにはドームハウスに住めない、という方は、炭やセラミックなどといった波動の高いものを、部屋や土地の四隅に置くことでも、まわりの環境波動を高めることができます。こうしたことも、一人一人ができる「新しい時代」への種まきですね。

昨年の9月24日に諏訪湖畔で受け取った「想いを形に。小さくてもよいから、まずは身近なところからひな形を」というメッセージを、泰平さんは確実に具現化していると思います。今年、2016年から始まった農業生産法人「八ヶ岳ピースファーム」もその一環でしょう。

滝沢　人が農に触れる必要性は、これからますます重要になってくると思います。

その理由は2つあって、1つは第1章で述べたように、今まで「神」だと思っていたお金が「紙」になってしまう日に備えるため。

もう1つは、農を通して自然に触れることで、人は本来自然の一部なんだ、という感覚を想い出すためです。

栽培方法は、無農薬、無化学肥料の「自

八ヶ岳では農業生産法人「八ヶ岳ピースファーム」が誕生。2015年9月24日に諏訪湖畔で受け取った「想いを形に。小さくてもよいから、まずは身近なところからひな形を」というメッセージは、確実に具現化されています。

然栽培」で、外から持ち込んだ肥料は一切使用せず、その田畑で出た雑草などを使用します。「その場にあるものだけで栽培できる」となれば、「どこでも、誰でもできる農法」として、各地で活用できるでしょう。

またそこに集う人たちは、価値観の似ている人も多いので、本当の仲間づくりにもなると思います。中には過去生からの約束を想い出す人もあらわれるのではないでしょうか。

鳴海　一人一人のできることが、そのまま新しい時代の「ひな形」になる。まさに、諏訪湖畔で受け取ったメッセージが、どんどん形になっていきますね。

新しい時代の判断基準は「楽しさ」「ワクワク」

鳴海　今回、一緒に本作りをさせていただいて、泰平さんの博識ぶりには改めて感心させられました。何を訊いても、その場で凄い情報量の答えが返ってくるし、「天下泰平」ブログには、そういった情報がとてもわかりやすくまとめられています。
文章を書くことは、もともと得意だったんですか？

滝沢　いえいえ、書くことはまったく得意じゃありませんでした。というか、子どもの頃から一番苦手なものが「作文」(笑)。

「じゃあ、なんでブログを書けるの?」と、よく訊かれるんですが、これはたぶん「書かされる」か「(自分で)書く」かの違いじゃないでしょうか。

今でも「これについて書いてほしい」と言われると、まったく書けませんが、自発的に「これについて書きたい」と思ったら、イメージやキーワードが浮かんでくるんです。

鳴海　自ら「〇〇したい」と思ってすることは、効率がいいし、何といっても楽しいですよね。この「楽しい」という氣持ちや、ワクワク感というのは、生まれてくる前に魂が決めた「今生のシナリオ」の道標だと思うんです。

滝沢　確かに、そうですよね。現在、八ヶ岳で進行中の農業プロジェクトや、「祈りの旅」、コラボ講演会も「楽しい、ワクワク」から始まっています。

鳴海さんは、退行催眠で「今生のシナリオと、ワクワクの関係」を確認してこられたんですよね。

鳴海　はい、10年ほど前に退行催眠を体験して、ちょっとだけ「あの世」をのぞいてきました(笑)。

どんどん記憶を遡っていくと、私たちは何度もこの世とあの世を行ったり来たりしている「魂」の存在であることがわかります。そして「この世」へ来る前に、かなり綿密な「この世での計画書＝今生のシナリオ」を立ててきているようなんです。

滝沢　ワクワクしたり、楽しいと感じることが、シナリオに書かれたことであると。

鳴海　基本的には、そういうことだと感じました。

中には「苦手だな」と感じることを通しての学びもあるようですが、シナリオにあることとは、必要なタイミングで必ず体験するようになっていますから、あまり無理をして何かをしようとか、何かになろうと頑張る必要はないようです。

イメージとしては、大きな川の流れが「シナリオ」で、無理をして頑張ったり、悩んだりしているのは、そこに浮かんでいる船を一生懸命、手で漕いでいるような感じかもしれませんね。

滝沢　確かに、文章を書くことになったのも、農業や講演会を始めることになったのも、自然な流れの中で起こったことでした。興味のあることしかしないから、そのための情報収集も楽しいし、ワクワクしながらやっています。知らず知らずのうちに、シナリオに沿った人生を歩んでいたと思うと、「ワクワクが道標」ということが、とても腑に落ちますね。

鳴海　退行催眠のセッションで「光の存在からアドバイスをもらう」というのがあって、そこで光の存在から言われた言葉が「Everything is O.K.」と「Let's enjoy!」だったんです。なんで英語？　って思いましたが（笑）、「すべてはＯＫ。楽しみましょう‼」っていうことですよね。

私たちは、今、この瞬間の「楽しい」「ワクワク」という感性に、もっと身を委ねてしまっていいのかもしれません。

滝沢「魂の目覚め」には、「楽しい」「ワクワク」が重要であり、それが「新しい時代への道標」にもなる。本書で提案してきたいくつかの情報も、こうした感覚を大切にしながら、参考にしていただけたら嬉しいですね。

「新しい時代」は、どうやら素晴らしいものになりそうです。

エピローグ

滝沢泰平

「今の自分も未来の誰かの過去生なんだよね」

２０１５年10月29日。鳴海周平さんたちと一緒に全国の聖地巡礼の旅をしている時、長崎県の雲仙市の宿の夕食でポロッと出た話題です。

「来生の自分から見た今の自分か……」

スピリチュアルブームに伴い、自分の過去生を知りたい、今生の使命や役割を知りたい人も大勢増えてきましたが、来生の自分がどんな人間として生まれてくるのかまでを日々意識して生きている人は少ないように思えます。

「実は私の前世は○○だったのです」「今の自分が幸せでないのは、過去生のカルマが影響している」

過去の栄光や過去の償いのために今を生きるのか、それとも来生の自分がより地球を楽しむために今を生きるのか。

もしも来生があるなら、今生では簡単には悪いことはできませんよね。

因果応報の法則、自分で蒔いた種は自分で刈り取ることになるのであれば、今生に負の貯金をするよりも少しでも徳を積んで来生はもっと自由に楽しみたいものです。

そして、子どもたちや後世の人々のために良い世の中を残したい氣持ちも当然ありますが、やっぱり自分自身が次に来た時にもっと今よりも楽しい地球であってほしいというのが本音。

それが今のさまざまな活動の原動力になっています。

来生を意識した生き方は、今の自分の襟を正したり、モチベーションを上げる良い要素になります。

だからといって、過去生の自分が無意味なものという意味ではなく、過去の自分があるから今の自分があり、今の自分があるから未来の自分もあり、魂が永遠不滅であれば、すべては同じ自分でつながっている愛おしい存在であります。

それに、過去に意識を向けられる人は未来（来生）にも意識を向けることができます。

今だけ、自分だけ、目にみえる世界だけしか考えられない人は、過去生といっても「??」となってしまうので、来生などもってのほかです。

過去生も意識して、来生も意識して今生の今の自分を生きることは、これからの時代にはとても大事だと思います。

今は意識の視点を次のステージへ引き上げ、過去生の自分、今生の自分、来生の自分の3点を見ている大元の自分へと立ち返る時です。

「お久しぶりです」

意識のステージが切り替わった新しい世界では、思わずそんな言葉が出てきてしまうほど、初対面の人に会って、何とも言えない懐かしさを感じる人も増えてくることでしょう。

「またお会いしましょう」

そんな日常の中にある何氣ない言葉も、これから先は何年先か何百年先のことになるのかわかりませんが、今出逢っている人々も過去に約束したから出逢えたのであり、また今生で約束すれば必ずいつか出逢えるものだと思います。

その時に、今回の〝地球維新〟を懐かしい思い出話とともに笑い飛ばせる日が来ることを、楽しみにしています。

結びに

滝沢泰平さんと私、鳴海周平とのコラボレーション、いかがでしたでしょうか？

「目にみえる世界」と「目にみえない世界」が表裏一体であること、そして、どちらの世界においても、「今」がとても大きな節目のタイミングであり、一人一人の想いや行動がこれからの地球の「ひな形」になっていくことを感じ取っていただけたなら、著者としてこれほど嬉しいことはありません。

では最後に、古神道研究家の礒正仁《いそまさひと》さんによる「新しい時代」についての解説をご紹介して、本書の結びとさせていただきたいと思います。

◆　◆　◆

世界で一番正確に宇宙と同期した時間を持つといわれる、マヤ民族ほか先住民族の伝承によれば、およそ1万3000年間続いた『分離の時代』を経て、2012年の冬至を境に私たちの太陽系は『統合の時代』に向かって舵を切ったとされています。

彼らの預言によれば、「青い星」が空を駆け抜ける時、分離から統合の時代への移行期が始まり、「赤い星」が空に現れる時、統合の時代へのシフトが完了すると伝えられてきました。多くの人々はその預言を信じませんでしたが、２００７年10月24日、実際に米国アリゾナ州セドナの夜空を真っ青なホームズ彗星が走ったのです。

彼らはまた２０１２年冬至点を中心に、前３年半を『夜明けの朝』、後３年半を『夜明けの晩』と伝えています。

『夜明けの朝』とは「自分の中に目覚めの感覚が生じる期間」といわれ、「今までの時代と何かが変わった」ことを感じながら、新たな時代に向けて自らの周波数を調律していく時。『夜明けの晩』とは「暗闇の中にある光（真実）を見出す期間」で、これまで隠されてきた真実（真我）に光が当たり始める時といわれています。

「自分の中」「現象界」「目にみえない世界」この３層はリンクして動いています。

自分の中の真実に光を当てるということは、これまで籠の中に閉じ込めていた、出逢ったことがない自分にどんどんと光を当てていくこと。

そして、闇の奥に隠していた本当の光（自分自身）を見出していくチャレンジが、夏至の日（新たな夜明けのゲート）までに行なわれるのであれば、それに対して宇宙は全面的にサポートのエネルギーを送ってくれるのです。
『夜明けの晩』に本当の自分と出逢うこととは、自分がこの地球で実現させたかった真の想いや、自分自身の中に眠っている未知なる才能と出逢うことを意味しています。

私の親友であり、２０１６年の夏至の瞬間を誰よりも待ち望んでいながら、すでに魂が肉体を離れ天に戻った、ある先住民族の長老はこのように語っていました。
「新たな時代への潮流の中で大切なことは、（それが一番良い方法だと信じて）すべてを自分でやろうとするあり方（誤解）から自分自身を解き放つことだ。自分が望む結果よりも、遥かに偉大な結果へと天が導いてくれるということを信じて委ねられるか。それは、また宇宙時間への回帰の大切さを意味している」

そのためのキーとなるのが、自らの中に「真の女性性を蘇らせる」ということだと思います。真の女性性とは、何を指すのでしょう？

「天の愛を受けとる在り方であり、天に導かれながら生きていくということ」です。

かつて、「死」さえも天が統治して導いてくれているということを、感謝と共に受け入れていた時代がありました。身体を持った「生」の時間と、身体から離れた「死」という時間を、行ったり来たりすることは、〝悠久の宇宙時間〟の中に在る魂にとっては何も怖いことではなかったのです。

しかし、「生」の時間にあった時、「出逢った大切な人・時間と共にいつまでも在りたい」という、ごく当たり前の欲求によって、〝宇宙時間〟から自分たちのための〝人間（物質）時間〟への執着が生まれたといいます。

やがて〝人間時間〟の中でのサバイバルを目的とした「男性性」が暴走を始めます。自分たちのやり方で、競争・支配（コントロール）の価値観に基づき、自分たちのルールと科学に傾倒していくうちに、いつしか私たちは天（宇宙に委ねていく在り方）から離れました。

「天から離れたということは、内宇宙と外宇宙が分離し共振性が損なわれたということ」

私たちの身体の中に存在する内宇宙。

それは微生物たちをも含めた世界であり、各々の心の周波数が創り出す世界です。その内宇宙と、地球と同期する外の微生物たちが創り出す世界（外宇宙）は、本来は統合していて共に響き合っていました。

宇宙には天が意図した「ひふみの法則」というものがあります。

無意識に統合の時代を生きていた時代（ひふみの「ひ」＝源）から、我々は「個」の体験を重ねるという分離の時代（ひふみの「ふ」＝分離）を過ごしてきました。そして、今、まさに私たちは「生」の本来の目的を想い出そうとしているのです（ひふみの「み」＝意識をもって統合の時代を生きていく）。

「すべての生命（いのち）が響き合う場所で、天に導かれて愛を生きる」

競争原理やエゴイズム、自分（たち）さえ良ければ、今さえ良ければ、という世界ではなく、皆がひとつの真実の方向に向かって響き合う、「大いなる循環」の中で自らの輝きを活かしていく時代の到来。

統合の時代へとシフトする今このとき、宇宙時間の中で、自分の輝きを、自分の中心で、真の女性性を取り戻しながら神の子として蘇る。天と自分の魂との約束を果たす時が、まさにやってきたのです。

自分自身を籠の中に閉じ込めているのは、「自分のやり方こそがベストだ」と信じ込んでいる自分自身なのです。その観念をいったん天へと戻して、認めたくない自分やもう二度と感じたくはない感情と再び出逢い、向き合い、その奥に在る、分離の時代には成しえなかった、「自分の中にある本当の想いや愛とつながりなおす」こと。

そういうチャレンジを体験することが、閉じ込めた籠の中から輝ける自分自身を解き放つことにつながっているのです。

「かごめ、かごめ」

籠の中の鳥とは、いつ出逢うのでしょうか？

鳥とは神の象徴。籠の中に閉ざしてしまった自分（真我）は、いつ神の子として蘇るのでしょう？

それは、『夜明けの晩』に。

２０１２年冬至～２０１６年の夏至までの3年半。その最終段階が、まさに「今」なのです。

鶴と亀が統《す》べる。自分の中の光と闇。男性性と女性性。内なる天と大地の統合。

２０１２年12月21日冬至、そして２０１６年６月21日の夏至という大きな転換点をまたぐ人生を選択して、このタイミングに生を望んで地球にやってきた我々の魂。
だからこそ我々の今回の人生は、その前半戦で『分離』を生きるように仕組まれていて、人生のある時から、内から湧き上がる問題意識と変容への欲求によって、「やっぱり愛を、そして真実を生きたい」という根源的な想いへと導かれるのだと感じます。

過去の痛みや誤解を、この場に立ち止まるために使うのではなく、新たな時代を生き抜いていく糧とする。
「目覚めた魂」たちが創る「新しい時代」は、自分自身をどこまでも許し、さらに楽に、より自由な自分に変容させていくチャレンジを重ねていくことが、より大切になっていくのだと思います。

古神道研究家　礒　正仁

滝沢泰平

（たきさわ・たいへい）

1982年宮城県仙台市生まれ。「半農半X」を個人と企業へ普及させるために、2012年やつは株式会社・2016年に八ヶ岳ピースファーム株式会社を設立。八ヶ岳南麓を拠点に未来型の村と自給自足できる社会づくりを目指す。月間100万アクセスのWEBサイト「天下泰平」ブログ執筆者。著書に『レインボーチルドレン』『これから10年「世界を変える」過ごし方』、共著に『ここはアセンション真っ只中』（すべてヒカルランド）などがある。

●滝沢泰平ブログ「天下泰平」 http://tenkataihei.xxxblog.jp/

鳴海周平

（なるみ・しゅうへい）

1971年北海道生まれ。心身を癒す高波動製品の開発・普及にあたる㈱エヌ・ピュア代表として、スピリチュアルな内容も交えた〝健幸情報〟を講演や著作などで発表している。またライフワークである世界各地への巡礼を、ブログ『魂の紀行』にて公開中。著書に『医者いらずになる1分間健康法』（帯津良一氏との共著）『[小食・不食・快食] の時代へ』（はせくらみゆき氏との共著・共にワニ・プラス）などがある。

●鳴海周平ブログ「魂の紀行」 http://narumi-shuhei.com/blog/
「こころとからだの健幸タイム」http://ameblo.jp/npure/

目覚めた魂《たましい》

あなた自身が「パワースポット」になる方法

2016年8月8日　初版発行

著　者　滝沢泰平×鳴海周平

発行者　佐藤俊彦

発行所　株式会社 ワニ・プラス
〒150-8482 東京都渋谷区恵比寿 4-4-9　えびす大黑ビル7F
電話：03-5449-2171（編集）

発売元　株式会社 ワニブックス
〒150-8482 東京都渋谷区恵比寿 4-4-9　えびす大黑ビル
電話：03-5449-2711（代表）

ブックデザイン　倉地亜紀子
曼荼羅イラストレーション　マナ
p125イラストレーション　野田映美
撮　影　高橋聖人
DTP　小田光美（オフィスメイプル）
印刷・製本所　中央精版印刷株式会社

ISBN 978-4-8470-9450-7